编 委 会

目录 CONTENTS

1 文化融通 共襄文明互鉴

2 洁净行动 共享绿水青山

中国石化
SINOPEC

丝路筑梦

中国石化『一带一路』十周年海外故事集

《丝路筑梦》编委会　编著

中国石化出版社
·北京·

图书在版编目（CIP）数据

丝路筑梦：中国石化“一带一路”十周年海外故事集 /《丝路筑梦》编委会编著．— 北京：中国石化出版社，2023.12
ISBN 978-7-5114-7295-3

Ⅰ．①丝… Ⅱ．①丝… Ⅲ．①石油企业 – 先进工作者 – 先进事迹 – 中国 Ⅳ．① K826.16

中国国家版本馆 CIP 数据核字（2023）第 254621 号

中国石化出版社出版发行
地址：北京市东城区安定门外大街58号
邮编：100011 电话：（010）57512500
发行部电话：（010）57512575
http：//www. sinopec-press. com
E-mail：press@ sinopec. com
北京科信印刷有限公司印刷
全国各地新华书店经销
*
787 毫米 ×1092 毫米 16 开本 9.75 印张 131 千字
2023 年 12 月第 1 版 2023 年 12 月第 1 次印刷
定价：98.00 元

3 携手并进
共谋卓越未来

4 企业责任
共建睦邻邦交

第1篇

文化融通 共襄文明互鉴

把“福”捎回家

亚姆拉／口述
任海超／整理

记得2023年1月24日，是中国的大年初三，我弟弟伊姆兰准备回巴基斯坦的家乡，我特别喜欢中国的“福”字，就让他捎带了几张回去。另外还有妻子的足金项链、妹妹的手环电子表等。

我特别叮嘱他，千万别把“福”字弄坏了。为什么我这么喜欢中国的“福”字？说来话长。

我是巴基斯坦籍员工亚姆拉，来自巴基斯坦俾路支省的苏莱曼山区，那里经济比较落后。为了减轻家庭经济压力，我高中毕业就自学了焊接技术。6年前，我通过筛选入职中国石化华北石油工程沙特钻井项目部，在五普钻井分公司SP306钻井队工作。近年来，薪水随着技能等级的提升而逐渐上涨，弟弟和妹妹在我的资助下，也都相继完成了学业。

随着中国石化在沙特业务的不断扩展，2021年底，我弟弟伊姆兰入职中国石化五建公司，成为一名机械师。他休假回家时恰逢中国农历新年，正好把我的礼物捎带给家人。

在一次钻井队组织的手工艺品展示活动上，我看着中方员工拿着纸只是来回折了几下，一只栩栩如生的纸鹤就出来了。从那以后，我就对折纸鹤产生了兴趣。之后，每逢钻井队组织写春联、包饺子、剪纸等活动，我都会报名参加，学习各种中国传统文化和技能。

我非常热爱中国文化，对中国的传统文化、手工艺品、美食、瓷器、电子商品都非常痴迷。我和家人都在使用的电子产品，如小米手环、华为手机等，基本都是中方同事从中国帮我捎带的。

为了学习中文，我想了很多办法，也有了自己的技巧。比如日常工作中，我在上衣口袋里装着笔和本，把日常交流中碰到的新词语都做上标记。一旦碰到中方同事，我就跟他对话，看看新学的词语发音对不对，不正确就立刻纠正，也能加深记忆。为了帮我更快地学习，我的中方同事还帮我下载了“有道词典”，让我关注抖音里教中文的主播。他们还赠送了一本《拼音大全》，对我太有帮助了。

通过自学，日常的生活语句和专业词语我已熟练掌握，工余时间还能用中文和大家唠家常。

今年 1 月份，中国的春节前，一名中方同事往门上贴“福”字，我很好奇。他告诉我，“福”字的意思就是对美好生活的祝愿，能给大家带来快乐和幸福。

听了他的解释后，我想到了这些年在中国石化的经历，我对他说，能加入中国石化，对我和弟弟来说就是福气。我一定要把这个“福”字带回家，也给家人送去好运。

“问题王”“翻译家”“友好大使”——我的三重身份

巴布鲁 / 口述
张均　王永豪 / 整理

“1、2、3，起——”在我的号子声中，钻井接头缓缓立入钻井工具爬犁里。抹抹头上的汗水，拍拍手套上的油渍，看着爬犁内排列整洁的接头、卡瓦，我和同事们开心地笑了。

我叫巴布鲁，是中国石化华北石油工程西部分公司 SP260 钻井队的场地工头。自 2020 年西部分公司沙特非常规油气井项目启动后，我成为第一批应聘到 SP260 井队的沙特籍员工。我在工作中积极主动，生活上开朗活泼，赢得了井队员工的一致好评。

“问题王”

“泥浆泵工作原理是什么？振动筛有什么作用呢？”经过上岗培训后，刚到 SP260 钻井队的我看什么都新鲜。为了尽快成为熟练工种，我将一个个问题抛给了师傅王永豪。由于语言障碍，我总是连比画带用英语交流问题，直到弄懂工作原理才肯罢休。

非常规气井钻井施工工艺流程复杂，现场钻头、钻井接头型号众多，为了尽快掌握各种知识，我随身携带一个小笔记本，用阿拉伯文和英文记录着各开次生产工艺流程、好的工作方法、设备工具型号尺寸和用途，以及每开次需用的套管头大小及钢圈尺寸等各项数据。

“这些笔记可是我的财富呢！”当有同事打趣我记录得太烦琐时，我总会一本正经地拿出厚厚的记录本用汉语说，“好记性不如烂笔头。”我做好笔记后不仅自己使用，还会分享给同事们，让他们也尽快熟悉业务。

好学的我很快从众多的新入职员工中脱颖而出，逐步从场地工成长为井架工、场地工头，成为井队生产技术骨干。

“翻译家”

SP260 钻井队组建之初，员工来自中国、沙特、埃及、巴基斯坦等多个国家，肤色不同、信仰不同、语言各异，每次的井队员工大会都十分热闹。

由于语言障碍，导致班前会、周会、月会效果不佳，员工不能准确掌握工作要求。这时，我主动要求承担起 SP260 钻井队将英语译为阿拉伯语的同声翻译工作，有效将各项井队管理规定、安全制度、工作条例传达每一名沙特籍员工，为井队安全生产提速增效发挥了作用。

我的语言天赋对队伍稳定也发挥着积极作用。一次，上级下达文件，要求不允许自驾车上下班，个别沙特籍员工较为抵触。我主动请缨逐个给员工做思想工作。

“自驾车上班不安全”“坐班车可以节约个人油耗和养车支出”，在我的劝说下，外籍员工渐渐理解了上级要求，也愿意遵守规定。虽然长时间的劝说让我很是费神，但当看到井队员工消除了抵触情绪，又在一起谈笑风生时，我觉得一切都是值得的。

“友好大使”

“井队就是我们的家，要呵护好它。”这是我经常挂在嘴边的一句话。每次休假归来，我总会从家中带来一些椰枣、穆塔巴卡（煎饼）等，送给同事们品尝。

工作、生活中有同事遇到困难，我也总会主动伸出援手。有一次，刚从钻台下来休息的我，看到索马里籍泥浆工姆巴克正在吃力地维修被油基泥浆腐蚀损坏的连接气囊，我立刻戴上手套帮着修理设备。

拆卸螺丝、旋转拉出连接管、更换气囊……时间一分一秒过去，汗水顺着我的脸颊流成了线，长时间下蹲让我双腿发麻。但我顾不上这些，继续紧螺丝、接管线……最终，损坏的气囊终于更换到位。姆巴克向我竖起了大拇指表示感谢，我摆摆手说：“一家人，咱们是哥们儿。”

一有空，我还会主动为中方员工讲解阿拉伯风俗习惯。在我的带动下，中外籍员工团结协作，首口井较钻井设计周期提前了 4.08 天完成任务。随后施工的第二口井，又刷新了贾夫拉油田非常规井最快完井纪录，获得了贺信表彰。

文化融合
赋能沙特籍员工成长

魏园军　李颖

检查液压钳、提升系统、动力系统……8月22日，中国石化中原石油工程钻井一公司沙特项目SINO－37队刚开完早会，沙特籍雇员瓦拉就开始了井场的巡回检查工作。

瓦拉是SINO－37队的实习带班队长，也是该队平台经理王礼锋的徒弟。在该队工作8年来，瓦拉一步一个脚印，逐渐成长为队里的骨干。

王礼锋已在沙特工作了15年。15年来，他所在的钻井队为超过100名沙特人提供了工作岗位，瓦拉就是其中的一员。目前，SINO－37队员工中沙特籍雇员比例超过80%。该队中沙员工友好相处、携手共进，突破了地域和文化的差异，营造了“中沙员工一家亲”的和谐氛围。

让“瓦拉”们有了一技之长

瓦拉目前主要负责带班管理工作，不时还会教沙特籍雇员钻井方面的操作技能。但是刚来SINO－37队时，他还只是一名场地工。

“刚来钻井队的时候，瓦拉什么也不懂，我们只能从最简单的认识工具开始教他。”王礼锋说。因为语言沟通问题，很多时候他只能通过简单的手势“告诉”瓦拉需要拿什么工具，瓦拉经常拿错东西。

为了帮助新入职的沙特籍雇员迅速提高技能水平，该队从众多资深技术人员中选出了导师，与雇员签订师徒协议，王礼锋便是从那时起与瓦拉结缘。

在 SINO-37 队，安全被视为头等大事来抓。王礼锋教瓦拉的第一件事情就是安全施工。“一开始，我要求瓦拉每天观看安全警示视频，并让他说说自己的心得体会。”王礼锋有针对性地让瓦拉看不同类型的钻井施工警示案例，通过视频画面，让瓦拉直观地感受到井场施工的危险性，认识到安全施工的重要性。随后，他还有针对性地教瓦拉识别工具，手把手教瓦拉操作液压钳等设备。

瓦拉是一个认真好学的徒弟，在休息之余总会去找王礼锋学习。为了更好地学习技能，瓦拉还请王礼锋把废旧设备拆卸下来，自己摸索着拼装，熟悉设备性能。很快，他就在该队组织的劳动竞赛中脱颖而出，成为同一批沙特籍新雇员中的佼佼者。其他雇员也在师傅的带领下取得了很大进步，他们努力向瓦拉学习，希望成为下一个“瓦拉”。

“师带徒”计划的实施，提高了该队沙特籍雇员的整体素质，让他们有了一技之长，该队培养出的很多优秀雇员都得到了甲方的肯定。

“舍不得离开井队”

SINO-37 队组建 8 年来，沙特籍雇员跟随井队走过了沙特的各个地区。“中国人尊重我们，我们也会全心全意工作。”瓦拉说。

该队尊重沙特籍雇员的生活习惯和文化差异，每逢沙特传统节日，都会积极为雇员协调工作时间，确保他们能更好地过节。在工作中，每当沙特籍雇员遇到困难，中方员工都会帮助他们一起想办法解决。刚来 SINO-37 队工作的沙特籍雇员遇到不懂的问题，有时会在凌晨叫醒王礼锋等人，寻求解决方法，他们也都热心帮忙。

8 年来，该队沙特籍雇员与中方员工共同成长，建立了深厚的友谊，很多沙特籍雇员笑称自己“舍不得离开井队”。

“希望去中国看看”

一起工作了 8 年，很多沙特籍雇员都学会了几句汉语。瓦拉用汉语对王礼锋说："我最希望的是有朝一日能去中国看看。"

8 月 21 日，天刚擦黑，三三两两的沙特籍雇员和中方员工拿着毯子来到了营地旁的沙地上坐下来。不一会，就聚拢了 10 多个人。他们跟着音乐哼着小曲，跳起了沙特当地的舞蹈。"舞蹈聚会"是 SINO-37 队持续了 8 年的"传统"。

"因为他们的文化习惯，很多沙特籍雇员在下班休息的时候喜欢聚集在一起唱歌、跳舞。后来也有中方的员工慢慢加入了舞蹈聚会，大家经常在一起唱歌、跳舞，放松心情。中方员工也会教沙特籍雇员跳交谊舞，错乱的舞步经常引起哄堂大笑。"王礼锋说。

在该队营地，沙特籍雇员对中国菜也情有独钟。

"我想吃最好吃的中国菜。"在王礼锋的熏陶之下，瓦拉喜欢上了中国菜。但是，要说什么是最好吃的中国菜，这让王礼锋犯了难。深思熟虑之后，王礼锋决定给瓦拉做他拿手的河南烩面。看着瓦拉生疏地用筷子夹面的动作，王礼锋也笑出声来。"这碗面真好吃。"瓦拉竖起大拇指。

8 年来，该队的沙特籍雇员和中方员工一起工作生活，共同闯过了一个又一个难关，完成了一个又一个任务。

钻井队的“宝藏”司机

张均

“吃瓜喽！”2022 年 6 月底的一天，阿迪楠将防暑降温物品运送到位于沙特东部省的中国石化华北石油工程西部分公司 SP106 钻井队营地。拉开皮卡车门，他抹了一把额头上的汗水，响亮的声音立刻吸引了钻井队同事们的注意，看着大家揭开防晒网，搬运着饮料、瓜果，他的脸上露出了欣喜的笑容。

身材高大的阿迪楠是该队的巴基斯坦籍值班车司机。他留着浓密的络腮胡子，一双大眼睛炯炯有神，给人的第一印象是耿直粗犷，但真正和他深入接触后，却能感受到他活泼开朗的性格和勤勉谨慎、兢兢业业的工作态度。

沙漠里的“活地图”

阿迪楠所在的 SP106 井队是一支水井队伍，通往井场的柏油路和砂石路交叉纵横，导航系统在这里有时也会失去作用。如果对道路交通不熟悉，迷失在荒漠中，后果不堪设想。

为了熟悉沙特阿拉伯的道路交通，阿迪楠一方面认真牢记当地交通图；另一方面经常与当地司机沟通交流，掌握路况信息及便道、小径，以便合理规划出行路线。10 余年的野外出车经验，让阿迪楠对沙特境内的加瓦尔、萨法尼亚、胡赖斯等油田的道路交通，都了如指掌。

其他井队拿到新井位坐标，也会找阿迪楠规划路线。一时间，阿迪楠“活地图”的名号在员工中传扬开来。每次规划路线时，阿迪楠都会习惯性地对即将出行的车辆轮胎、刹车、减震钢板等关键设备进行检查，并叮嘱司机师傅备好饮用水和食品，避免车辆在沙漠中抛锚，造成危险。在阿迪楠的帮助下，司机出行安全系数大幅提升，井队搬迁路线安排更为合理，有效提高了钻井施工效率。

爱唠叨的“安全员”

SP106 井队钻井施工现场位于沙特阿拉伯的沙漠戈壁，距离最近的城镇也有 200 多公里。每日，阿迪楠都要驾车奔波在井队和附近城镇之间，拉运生产生活物资，行车安全他始终牢记在心。

“请系好安全带。”“头、手不要伸出窗外。”只要有人坐上阿迪楠驾驶的值班车，他总会反复提醒大家注意乘车安全：“我要为大家的安全负责。”

阿迪楠性格开朗，同事有什么事情需要帮助，他都会痛快地答应，但是如果遇到违背安全行车的事情，他也会断然拒绝。一次，井队正处于生产间隙，班组 5 名员工需要乘车去附近村子理发，同事们想在车上挤挤。“这段路虽然没有交警，但人员超载绝对不行。”阿迪楠又开始唠叨起来，“出门在外，安全最重要了。”最终，阿迪楠给井队建议，将理发师接到井队为员工理发，解决了大家的难题。

参加工作 10 余年来，阿迪楠安全行车上百万公里，从未出现任何交通事故或违章扣分的情况。

多功能的“翻译官”

阿迪楠很有语言天赋，他精通英语、阿拉伯语、乌尔都语 3 门语言，不论是工作还是生活中，有同事遇到语言沟通障碍，他都会主动请缨，帮助大家把事情处理得十分妥帖。

一次，阿迪楠出车回来，看到井队协作方拉运生活桶装水的司机和生活管理员在生活营区比比划划，但是谁也不明白对方的意思。他立刻走上前，用乌尔都语向司机询问情况，又用英语为管理员解释翻译，很快就帮助双方沟通好了开具发票的相关事宜。看着司机和生活管理员双方握手致意，阿迪楠开心地笑了。

SP106 井队钻井施工节奏较快，井队员工一般非必要不外出，就算是进城办事，时间也很紧张。为了提高大家的办事效率，井队只要一搬迁到新的城镇附近，阿迪楠就抽时间摸排商店、银行、饭店。到了商店他还能帮着还价，让大家用更便宜的价格买到满意的商品。尤其是在每年更新个人银行卡信息时，由于银行英语客服窗口较少，阿迪楠就帮助同事在阿拉伯语客服窗口办理，有效缩短了他们排队办理业务的时间。

10 余年的交往，让阿迪楠和很多中国朋友结下了深厚的友谊，他希望有机会能够到中国，去哥哥留学的西安交通大学走一走，亲身感受西安古都文化，品尝中国美食。

“我爱中国，我爱中国师傅”

杨森　苏豪鑫

“我师傅不仅技术好、人品好，而且长得还特帅！”哈萨克斯坦北布扎奇油田工区 NB1038-1 井场上，现场录井队队长胡那皮亚提起他的中国师傅王杰时满脸自豪，“我是他的大弟子。”

一个举动换来师徒情缘

“说起来，我们师徒两人初次相识应该是在 5 年前了。”斯文儒雅的王杰，回想起当时的场景依旧记忆清晰。

2017 年 3 月，29 岁戴着一副厚厚近视镜的中国石化经纬公司中原测控公司（时为中国石化中原石油工程中原录井公司）国际项目部综合队队长王杰，受公司委派前往哈萨克斯坦承担北布扎奇油田工区录井施工工作。抵达目的地后，他的首要任务就是招聘当地雇员。

“其实，那时我有些犹豫，这个洋雇员看上去人高马大的，不太像能干技术活的料。”说起对胡那皮亚的第一印象，王杰不由得笑了。

招聘期间，第一天早早来应聘的就是胡那皮亚——一个身高 1.85 米、浓眉大眼、络腮胡子、性格活泼开朗的哈萨克斯坦小伙。站在王杰面前，胡那皮亚整整高出 10 多厘米。

本来不是王杰心中的理想目标，但“洋小伙”的一个举动打动了他。

当应聘人员陆续离开时，一直守在旁边的胡那皮亚悄悄地弯腰拾起被大家丢弃在地上的纸片、饮料盒等物品，将它们一一放到垃圾桶里。

“就他了！”王杰一锤定音，开启了这段持续 5 年、身高和体形悬殊的师徒情谊。

严师出高徒

“这不行，你得下大力气学习进步。”这是王杰向徒弟提出的第一个要求，“要想把工作做好，必须先突破语言关。”说这话的时候，平时温和的他一脸严肃。

最初，阻碍师徒间沟通、最影响工作效率的是语言障碍。不仅仅是综合录井仪器的操作界面，与现场所有资料录取、整理、上报相关的报表都要使用英文。经过几天磨合，王杰发现胡那皮亚的英语水平尚处在简单交流阶段，对石油专业词汇更是一无所知。

于是，他找来石油工程方面的英文教材，利用工作间隙一个单词、一个句子地教，鼓励胡那皮亚下班后也努力自学。平时大家在工作和生活中沟通时也避免用哈萨克语或俄语，尝试着完全用英语交流。

从当地师范中专毕业的胡那皮亚很聪明，接受能力强。在王杰的帮教带领下，他仅用 1 个多月就基本掌握了操作综合录井仪器、录取现场资料等技能，受到王杰的肯定。这让他很高兴，大个子乐得蹦起来老高，转身就把受到师傅表扬这一好消息告诉了家人。

王杰在技术上占有优势，而学习电子电气专业的胡那皮亚能够十分熟练地进行设备拆除安装和检修。这让王杰很欣喜，他说：“这恰恰应验了韩愈先生的那句‘弟子不必不如师，师不必贤于弟子’，咱们也是互相促进、互相提升。”

为了让“洋徒弟”早日成才，王杰毫不吝啬，理论教学与现场实践结合，手把手地逐道工序教、逐项操作流程指导，这让本就好学的胡那皮亚如虎添翼，业务能力飞速提升。

因为爱师傅而更爱中国

“在我眼里，我们之间不仅仅是师徒关系，更像中哈两国一样是亲密的好兄弟。除了业务方面，师傅还在生活上关心照顾我，教导我热爱生活、靠自己的能力去创造美好明天。”王杰在日常生活方面对胡那皮亚进行帮助和指导，在他和家人遇到困难时提供帮助，他们之间建立了亲如一家人的深厚情感。

新冠肺炎疫情期间，作为项目负责人的王杰，对胡那皮亚等当地员工积极开展疫情防控培训，普及防疫知识、增强防护意识，叮嘱他们每次轮休后在家做好重点防护，返岗前组织他们到当地政府指定的检测机构进行核酸加抗体双检测，与定点医院签订完备的医疗服务协议，制订详细的突发疫情事件应急处置预案等。这在当地疫情严重时，确保了中方员工和胡那皮亚等当地雇员的健康安全，让他们很感动。

“朝夕相处的日子里，师傅给我们讲过好多中国的故事，带我看过很多中国的照片和视频，我对中国很向往，有机会一定要去美丽的中国看看。师傅走到哪我们都喜欢跟到哪，跟着师傅工作很开心，我为自己是一名中国石化员工而自豪。”

就这样，5 年来，他们在北布扎奇油田工区、KKM 工区和萨基斯工区等完成了数口井的施工任务，取得了良好的社会效益和经济效益。王杰陆续带出 4 名业务熟练的“洋徒弟”，都成了他的得力助手。

“这是二徒弟海拉提别克、三徒弟叶儿森，那个最瘦弱的是哈伊萨尔。现在我们 4 个都是录井队队长！”胡那皮亚指着几位同事得意地介绍着。

小蛋糕，大情义

穆罕默德／口述
李舒　姚佳奇／整理

我叫穆罕默德，是中石化南京工程公司沙特分公司的财务报税专员。今年的5月10日，我的第一个孩子出生了。在假期结束返岗时，我在朱拜勒市中心订了一个蛋糕，把喜悦分享给我的兄弟们。

我口中的“兄弟们”，其实是南京工程公司的同事们。在公司工作了6年，我和同事一起吃过很多次蛋糕，但这是我第一次请同事们吃蛋糕。

返岗第一天，大家都在祝福我，让我特别感动。这个精心准备的蛋糕，代表着同事间深厚的感情。中国的企业管理严格但富有人情味，同事们工作勤奋，也很温暖，我们就像亲兄弟一般。

公司高度重视对沙特籍员工的人文关怀，不断探索一系列属地化管理政策，完善沙特籍员工的晋升通道，通过“师带徒”“传帮带”等活动，搭建成长平台，大力增强我们对企业的认同感和归属感。当员工或家属出现困难时，公司也会第一时间给予帮助和支持。

在这里，我从一名普通大学毕业生成长为优秀的财务报税人。我十分喜欢公司的工作氛围，公司领导非常支持我们的想法和建议，让我觉得公司是一个真正的大家庭。

南京工程公司自2005年进入沙特市场以来，便有来自不同国家的员工一起在这里并肩作战。由于特殊的气候和环境，沙特阿拉伯人对甜食情有独钟。因此我们首选的庆祝方式就是一起吃蛋糕。

每逢建国日、开斋节、宰牲节等沙特传统节日，我们和同事一起吃蛋糕、一起过节，共同分享节日的喜悦；每当合同签署时，我们和合作伙伴分享蛋糕，衷心希望项目执行顺利、合作成功；每当预期安全人工时实现时，全体员工共切蛋糕，祝愿全员平安健康；项目中交时的蛋糕，甜蜜中带着离别的伤感，我们一同期待下一次的合作重逢。

记得上次一起吃蛋糕，还是在 5 月初，公司沙特地区项目表彰“荣誉外籍员工”，为累计工作年限满 15 年、10 年、5 年的外籍员工颁发“荣誉外籍员工”金、银、铜牌。虽然目前我只获得了一枚小小的铜牌，但我相信，我会在这里拿到银牌和金牌。我愿意和中国石化一起携手走过 10 年、20 年……

人们常说，国之交在于民相亲，民相亲在于心相通。我想说，蛋糕虽小，但情义无价。蛋糕所代表的团结和拼搏精神，将大家紧密联系在一起。每一个蛋糕，都是不同文化的相融，都在分享一种命运共通的喜悦。

"金牌管家"架起沟通桥

侯志辉　赵慧君

金秋时节，中国石化十建公司科威特 GC-32 项目的照明、接地线施工正在紧张进行中，太阳朗照着整个工地。在寸草不生的黄沙地上，印度籍员工桑吉·库玛·辛和往常一样忙着指导施工、统计电气工作量、办理工作票，一副"大管家"的样子。

桑吉来自印度巴特那，中等身材、体形微胖、方脸，再加上他那深色皮肤和具有印度特色的大眼睛，让人觉得既敦厚可靠又不失灵气。桑吉是班长。他性格随和、责任心强、技术水平高，凡事又以身作则，很快取得了班里人的信任。尽管班里的 13 名同事来自不同的国家，但都很支持桑吉的工作。

科威特天气炎热，为了避暑，项目部 6~8 月施行夜间施工。夜间施工现场部分照明条件不好，桑吉组织员工在天亮前进行灯具组装，天亮后再到各个释放作业点施工。桑吉说："照明条件不好的话容易发生安全事故，我不希望任何一位同事有危险。调整作业时间既能保证安全，又不耽误施工。"

桑吉会英语、阿拉伯语、印地语和乌尔都语。这让他与印度、巴基斯坦、尼泊尔等国家的员工交流起来游刃有余，他也因此成为项目部仪电专业的"金牌管家"，以及项目部和外籍员工之间的"桥梁"。项目部仪电专业每次来了新的力工，都要到桑吉的班里历练一番，桑吉很细心地观察着每个人的性格和技术水平，并及时把每个人的情况反映给仪电专业负责人。这样，别的施工团队需要人手了，仪电负责人便会及时把人员安排到适合的位置上。

十建公司科威特 GC-32 项目仪电专业有 10 个作业团队，人员多、结构复杂，人、材、机的管理比较烦琐，桑吉不厌其烦地协助项目部做好人、材、机管理工作。他每天忙着帮作业团队协调机具及施工过程中的琐碎问题。工地上常看见桑吉游走于各个施工团队之间，义务为同事服务的身影。

因为施工需要，项目部仪电团队需要及时掌握外籍人员的工作效率和作业面的释放及完成情况，桑吉每天统计、汇报每个作业团队的施工完成量。他是个细心又有耐心的人，每天的“大数据”都很准确，贴近现场实际情况，为项目部工程技术人员及时调整施工计划提供了可靠依据。

因为每天都要和项目部仪电专业的施工团队打交道，桑吉的笑脸是大家眼中最熟悉的面孔，而桑吉也天生古道热肠，喜欢帮助人。有一年 5 月，一名印度籍工程师的家人去世了，需要立刻回家，可得知消息时已是深夜。项目部外籍员工的护照都被暂时保存在协调中心，外籍员工如需回国时需要走流程，由相关项目经理审批后，才能拿到护照。桑吉先给仪电团队员工发信息沟通，并联系给那位工程师开了“绿色通道”，使印度籍员工及时拿到护照、顺利回家。

另一名尼泊尔籍员工，到项目的第二天身上就起了水泡，因为刚到科威特，还没有存款、无法看病，他陷入了窘境。桑吉立即找到这名员工所属班组的班长，建议他号召大家捐款，为这位刚来的外籍员工解了燃眉之急。

随着施工逐渐推进，桑吉的工作对象从 13 人增加到了 135 人，大家有事都爱找他，桑吉也越来越像一个称职的“金牌管家”了。

我们共同的“家”

兰明明　蒋振

听说中国石化胜利石油工程沙特项目部 SP165 队重新启动的消息，沙特小伙儿玛纳第一时间辞掉了工作，重新到 SP165 队应聘。“我要回来，这里不仅有工作，还是我的‘家’。”玛纳说。

像玛纳一样把 SP165 队当作“家”的还有穆罕默德·伊萨。他 2014 年毕业后就来到 SP165 队工作，井队专门给他配了一位中国司钻做师傅。师傅每天手把手教他操作液气大钳，认识各种钻具接头，学习井控知识、井下知识，以及练习钻机保养和泥浆泵维保操作，等等。凭着自己的聪明好学，他逐渐从钻工成长为一名优秀的司钻。他说:“因为有了这份工作，我可以更好地照顾家人，可以盖房、娶妻生子，感谢井队。”

设备搬迁期间，门卫阿里夫除了查验每车运出的货物，还会挨个检查每辆车的绑扎点是否牢固，轮胎气压是否充足。“这是队上的财产，爱护要靠大家。”阿里夫说。

新冠肺炎疫情期间，沙特井架工萨利姆利用休班时间跑了七八家药店，陆续买到 150 只口罩，回到队上后，他只给自己留下 1 只，其余全都分给同事，他说:“SP165 队是我的家，我为家人买点口罩不是很正常吗？”

每逢中外传统节日，中外籍员工都会围坐在一起，大口吃着烤全羊和甜蜜的椰枣。品尝过美食，队上的“文艺青年”们弹起吉他、打起鼓，不论是哪国的旋律，大家都能哼唱几句，兴之所至，更是手挽手跳起舞来，完全忘却了工作的疲劳。

在这里，不分国籍、肤色、年龄，每名员工都有了一个名叫 SP165 的小“家”。历经 10 年风雨，这个小“家”温暖依旧。

我是公司劳模，我自豪！

纳坦依·盖硕 / 口述
王彦骅 / 整理

大家好，我是中国石化十建公司的泰籍劳模纳坦依·盖硕，他们都叫我Tommy。入职十建公司泰国石油清洁油品项目部已经两年零八个月了。

还记得那一天，我怀着对语言和风俗习惯不同的担忧和局促感走进了项目部的大门。项目经理李朋朋迎接了我，他热情地握了握我的手，用英文向我打招呼，并向我介绍了工作环境和内容。这让我感觉无比亲切，打消了一切不安。

初来乍到的不适，随着中国伙伴们的热情相待而消散。慢慢地，我可以用英语更流利、准确地与他们交流了。但渐渐地，习惯了遇到问题婉转表达或藏在心里的我，对中国人直截了当的方式有些吃不消。项目副经理张辉察觉了我的心事，他对我说："及时指出问题是一种善意的提醒，能够防止事情变得更糟，并不是对你不满。"他的劝解让我明白了处理问题方式的差异，我开始在施工生产调度会上勇敢说出自己的想法，学着让自己成为"主角"。

项目部的生活总是充满欢乐，我们会在对方国家的节日时精心准备，还会分享彼此国家的食物。工作之余，中国同事们总是喜欢带着我去中国餐馆或食堂品尝美食，每次他们都会不厌其烦地教我如何使用筷子，还会十分热情地对我说："Tommy，快尝尝这个。"

春节那天，项目部被装扮得喜气洋洋，大家手里都拿着红灯笼。我听中国同事说春节是中国最重要的节日。我们换上了项目部准备的中式长衫和旗袍，拿着象征美好愿景的春联，吃着热气腾腾的肉馅饺子。合照里每个人都笑得很开心，我也第一次感受到了中国春节"家"的文化。

不仅如此，泰国宋干节时，项目部也准备了很多当地特色的衣服和饰品。我们相互泼水，开展各式各样的庆祝活动。

两年多的时间里，中国同事教会了我如何更快、更准确地进行数据计算，怎样才能在谈判中更加沉着冷静，也教会了我如何更有效地安排自己的工作。他们用努力与认真感染着我，帮助我不断成长。

我学着了解各专业的施工安全、质量、进度数据，还有项目运营状态，尝试着独自编制各专业的施工计划和统计施工数据。为提高钢结构框架模块化施工效率，我和中国同事一起常驻现场，详细记录每项数据，仔细分析，终于成功优化了58项模块化施工计划，使大型吊车使用成本降低了近45%。

我很庆幸自己能够加入中国石化，成为十建公司泰国石油清洁油品项目部的一员。我也很爱我的同事，是他们的鼓励和肯定，让我有幸成为十建公司近10年来唯一的外籍劳模。我想说，成为中国石化的员工，我真的很自豪！

在这里，幸福指数步步高

哈迪·尔萨／口述
丁昌来／整理

大家好，我的名字叫哈迪·尔萨，是一个土生土长的沙特人。我的家乡位于沙特吉赞省的白石镇，它在沙特的西南部红海沿岸。

因为地处偏远，我所在的镇上经济并不太好。后来，国家在吉赞设立经济城后，各个国家的承包商与分包商纷至沓来，逐渐带动了周边的经济发展。

2015 年，我听说中国石化要来我的家乡建项目。中国与沙特的友谊源远流长，而且我之前了解到中国石化在沙特已经深耕过十多年，我很喜欢中国石化这个公司，立刻报了名。经过层层考试和培训，我非常有幸地成为了中国石化四建公司沙特吉赞常减压项目部的一员。

我非常珍惜这份工作，虽然奋斗在项目一线很辛苦，但是我觉得能和中国人一起为家乡做建设，很荣幸！

项目部对我们当地人很照顾，也非常尊重我们的宗教传统，还特意为我们增设了祈祷室。最让我印象深刻的是，有一次我们礼拜的时间正好遇上工地 15 分钟的休息时间，所有中国员工都自觉地在洗漱间外面等着，让我们先洗漱然后去做礼拜。

正是由于相互尊重，让我们跨越了语言的隔阂和文化差异，实现友好相处，项目也进行得很顺利。每当听说中国石化又在厂区内项目施工进度领先的时候，荣誉感和自豪感都会涌上我的心头。

稳定的工作、稳定的收入，还让我在镇上盖起了自己的房子。后来，又遇到了属于自己的幸福。2017 年，我步入了婚姻的殿堂，当时邀请了一些我的中国朋友来参加婚礼。中国友人的加入让这场婚礼在小镇上备受关注。再后来，我们有了自己的孩子，幸福指数在一步步提高，生活也在一步步地改善。

这就是我和中国石化的故事。我很感谢中国石化，感谢中国石化为沙特发展作出的贡献。衷心希望沙特和中国友谊长存！

在中国石化工作很开心

萨贝特

我的名字叫萨贝特，来自哈萨克斯坦，目前在哈萨克斯坦阿特劳炼油厂石油深加工项目做高级项目协调员。我从小喜欢看中国电影，其中李小龙、成龙、李连杰、刘德华等中国演员演的电影使我对中国文化和中国功夫产生了很深的印象。那时我就决定长大后一定要去中国，学习汉语、体验中国文化。

在我 16 岁的时候，我如愿来到中国留学，经过 5 年在中国的学习和生活后，我回到哈萨克斯坦。我一直希望能在中国的公司工作，能够继续和中国人一起工作和学习。

2012 年 12 月，中国石化打来电话，邀请我到位于阿特劳的中国石化广州（洛阳）工程哈萨克斯坦分公司进行面试，当时我非常激动。后来，我顺利通过面试，正式成为中国石化的一员。

根据安排，我成为一名采购部的质检翻译，在工作中我学习到了很多新的专业知识并从无到有建立了对工程项目的整体概念。我学习和了解了很多专业名词及相对应的实物，如各种设备、仪表、电气材料等，了解了这些设备、材料的用途、质量技术指标、质检程序，等等。我也很高兴能够在这里跟中国朋友一起工作生活，让我不但有机会学习专业技术知识，还能够更多地了解中国文化，提升汉语水平。

在这里工作，让我见识到了什么是国际化的大型企业，中国石化不仅在中国国内拥有大量的分公司和数量庞大的雇员，并且在世界很多地方都设有分公司。而哈萨克斯坦分公司只是整个中国石化下属的一家分公司。这里有 3000 多名中方和哈方员工，共有 12 个部门，涵盖施工、设计、财务、费控、行政、安全等领域。

在日常工作中，我需要跟每一个部门的员工打交道。因此，我认真学习和了解每一个部门的职责、任务及工作程序，向每位同事学习的同时也努力提高自己的业务水平。

如何把这么多部门联结在一起，成为一个真正的团队，应该怎么沟通、合作和怎么处理问题？对一名新员工来说这都是需要认真学习和了解的。在工作中难免会遇到很多困难，但同事们都热心帮助我，让我的业务能力不断提升。

经过 4 年的努力工作，我现在成为了一名项目高级协调员和项目经理助理。我的主要工作是会议翻译，以及做好中国石化项目组和阿特劳炼油厂之间的沟通协调等。记得 2015 年休假时，我回到老家跟老同学在一起聚餐，我的一个同学问我："萨贝特，你现在在哪里工作？"我回答在中国石化哈萨克斯坦分公司做项目协调员。当时，那个同学流露出吃惊和羡慕的表情，他为我能够在世界 500 强排名前列的公司工作感到骄傲。

这让我觉得很自豪。能够在中国石化这么大的公司工作是非常幸运的！在这里工作，不仅能够获得业务技能的提高，而且给自己未来的发展找到了一个很好的平台。中国石化不仅给我提供了工作的机会，还为我提供了各种技能培训，对我的生活也给予了很大的帮助。

公司经常组织一些团队活动，在一些重大节日（如元旦、中国和哈国的春节等）举办晚会等，让中哈员工共同欢庆节日。在文化活动中，我能够充分感受到公司对外籍员工文化的尊重，对员工的关心和爱护。

我们公司还向优秀的外籍员工提供奖金等奖励，并安排优秀外籍员工到中国学习，参观中国石化的下属工程公司和炼油厂等。今年的项目顺利结束后，我也有机会去中国学习和参观。

作为一名哈籍员工，我非常感谢中国石化给我提供了学习和发展的平台。我相信，只要我们齐心协力，我们公司肯定会迎来更好更快的发展！

“一带一路”倡议提出已经十年了。我相信，未来，中国石化在哈萨克斯坦还会有更多项目，为加强中哈人民之间的经济和文化交流作出更大的贡献。我也很高兴能够参与其中。

“我们井队是一个团结互助的大家庭”

贾思米／口述
高风　孙垂胜／整理

我是来自科威特的贾思米，是中国石化国际石油工程科威特分公司 SP–901 队的一名场地工。如果你来科威特西部油区 MN–0044 井场看看，一定能见到我的身影。

2022 年新合同启动，我成为第一批来到 SP–901 队的科威特籍员工。在这里，我既收获了知识与技能，又感受到了家庭般的温暖。

刚来井队时，井场上的工作于我而言新奇而充满吸引力，我时常向我的中国师傅安允豹请教技术难题，比如转盘的作用、振动筛的工作原理等。安师傅总是耐心又专业。他把“师者，传道授业解惑也”这句中国古话展现得淋漓尽致。

除了感谢中国师傅的栽培，我也十分感激 SP–901 队其他同事对我的关心。作为阿拉伯语母语者，我在阅读英语学习材料、观看英语案例视频时会出现理解的偏差，而井队领导邀请科威特籍监督将资料都翻译成了阿拉伯语，大大提升了培训质量。同时，井队从场地到钻台，点对点地安排专人进行一对一实操培训，这让我的技术能力得到了锻炼提升。

此外，井队还时刻为我撑着一把“安全保护伞”。上岗前，SP–901 队提前将风险识别到位、将隐患排查到位、将安全注意事项提醒到位，并认真对我们科威特籍员工进行岗前培训和安全交底，在实际操作工作中加强了对我们的安全监护。

岗位师傅作为安全监护人，紧盯作业现场并做到全程监护，同时严格落实各项安全措施和应急保障，这让我觉得既安心又温暖。井队在我的工作和生活中爱护着我，我也要爱护好它。

通过刻苦学习和多次培训，我不断丰富自己的理论知识，提升自己的现场操作技术，也积极分担班组里的工作任务。安师傅说，只要我勤奋努力、脚踏实地，就一定能成为独当一面的岗位能手。我也将这句话谨记在心。

在井队里，中科员工都是亲密的朋友，归属感与团队感将我们联结在一起，我们的友谊跨越了国籍，求同存异、美美与共。

队里的中国朋友们都十分了解科威特的国情和风俗习惯，每逢科威特节日，我们都会收到来自中国朋友的真诚祝福。同时，在中国传统节日来临之际，井队也会邀请我们科威特籍员工共度佳节，一起包饺子、搓汤圆——我才知道中国的饺子那么美味！每次休假结束返岗到队时，我都要为同事们带点我们当地的椰枣、干果等，让他们也尝尝科威特的美食。

在 SP-901 队，我深刻感受到了中外籍员工一同耕耘、一同收获、一同进步的氛围。我们井队是一个团结互助的大家庭，所有员工都是一家人！

我的外籍同事“老瓦”

房延冬　蒋振

壮硕的身材、黝黑的肤色、淳朴的笑容，他就是勤勤恳恳为中国石化胜利石油工程科威特项目部服务了10多年的斯里兰卡籍司机、我们的外籍同事瓦达森，他在项目部还有一个更响亮的称号——“老瓦”。

“老瓦”作为项目部的司机，每天一早必定第一个来到项目部驻地，全面检查车况，里里外外擦拭清洗车辆，再准备好饮用水、纸巾等，让乘客一上车就有舒适的乘坐环境。

“老瓦”也会笑盈盈地向大家问好，然后不忘用英语提醒每一名乘客系好安全带。有一次，一名甲方监督拒绝系安全带，他愣是僵持了半个多小时，直到那人系上安全带才肯发车。

“老瓦”理直气壮地说：“不论他在井上是多大的官，我是司机，上车都要听我的。”正是因为这种对安全的执着追求，“老瓦”工作12年来，安全行驶50万公里，始终保持着没有发生一起交通事故和违章事故的纪录，并连年荣获项目部“优秀驾驶员”称号。

除了本国语言，“老瓦”还能流利地使用阿拉伯语、印地语、英语、法语，对科威特当地的社会环境和各种采购资源了解得一清二楚，是个名副其实的“科威特万事通”，别人好几次都买不齐的东西，到了“老瓦”这里常常是“一趟搞定”。

“老瓦”还很乐意把自己的经验分享给新来的司机，无论对方对材料购买商店、甲方地址、维修车间等有再多疑问，他都耐心给予解答和指点，在他的带动下，项目部在当地物资采购、配件维修的效率都有了很大提高。

每天不论多晚，只要项目部有需要，“老瓦”随叫随到。慢慢地，项目部调卫星电视、购买日用品这些不属于他的杂活，他也一并承包下来。每次休假回来，“老瓦”会给每人都准备一份当地特色的小礼物，还经常把家人做的斯里兰卡油炸三角、Roti 烙饼、红茶等美食带到项目部供大家品尝。

提起中国，“老瓦”总会兴奋地介绍，中国在斯里兰卡修建的港口、高速公路、学校、医院，大大改善了他家乡的状况。“感谢中国，感谢中国石化，为我提供了一份稳定的工作，让我的孩子能够接受教育，家庭条件得到改善，我也要尽我所能，为项目发展再出一份力。”“老瓦”感激地说道。

感受大家庭一般的温暖

Syed Fida Hussaid/ 口述
杨明琦 / 整理

大家好，我是 Syed Fida Hussaid，来自巴基斯坦，今年 34 岁，在中国石化西南石油工程湖南钻井分公司科威特项目部 SP921 队工作，很荣幸能和你分享我的故事。

刚来到中国石化的井队时，由于中国人较多，而且大家的英语都有不同程度的口音，交流起来比较费力，导致一些工作细节难以传达到位，这使得我的很多工作经常需要返工。即便如此，井队的员工也没有对我有任何的不满，而是耐心和我交流。他们还给我安排了一位师傅，指导我开展工作。在一些比较复杂的工况下，会有英文较为熟练的安全员和带班队长进行翻译，确保我能够理解到位。这让我体会到了中国石化对待像我这样的外籍员工的耐心和关心，这和我之前在其他地方工作的感受完全不一样。

在这样的氛围下，我逐渐熟悉了互相交流的方式，明白了工作该怎样去做，这也让我和同事们之间的交流越来越轻松。即使是在十分嘈杂的环境中，我们也能通过几个手势就明白需要做什么，十分复杂的工作也可以通过关键词来进行沟通。

作为一名巴基斯坦人，我有坚定的伊斯兰教信仰，是一名穆斯林。我每天都需要进行祈祷，尤其在斋月这个重要的时间段，我甚至一天需要祈祷 5 次。为了照顾我和像我一样拥有信仰的人，中国石化在每个井队都设立了专门的祈祷室，我们可以在休息的任何时间去祈祷。同时，井队管理者在为我们安排工作时，也尽量避开了祈祷的时间。在斋月的时候，所有的穆斯林在天黑前是不能够吃东西和喝水的。因为科威特的天气干热，我们白天不能吃东西容易体力不足，所以在这期间，井队对我们非常照顾，尽可能不安排我们进行重体力工作。这些对我们的优待我们记在心中。

不仅信仰，我们的饮食习惯也和中国人大有不同。我们通常都是手抓饭、肉食和沙拉搭配。为了确保我们的饮食得到保障，中国石化设立了西方餐厅，详细分出了阿拉伯餐、印度餐等，还可以选择全素饮食来保障素食主义者的信仰。在遇到一些比较重大的节日时，厨房也会加餐来为我们庆祝。

时至今日，我加入中国石化已经 8 年了，这些年我从场地工到钻工，也经历了几个井队，从中学习到了很多，也得到了大家的关心和照顾，这是我在之前其他企业工作的时候所没有感受到的。在这里，我能够和大家分享我家乡的美食，谈论各自的风俗习惯。大家在一起相互尊重、平等交流。

中国石化如此尊重当地民俗习惯，关心、关爱不同国籍的员工，持续推进跨文化融合，这样的企业文化，无论在哪个国家，都会让像我这样的外籍员工感受到大家庭一般的温暖。

我对中国石化有割舍不断的情怀

马杰提／口述
刘建柱　杨红苏／整理

我叫马杰提，就职于中国石化中原石油工程哈萨克斯坦公司178队，是施工现场的一名翻译。

2008年，我的父辈带着我们一家老小移民到哈萨克斯坦阿拉木图。刚到这里的时候，我家的经济和生活条件还很差，父母靠打工维持全家人的生活，有时还会出现入不敷出的情况，可谓度日如年。

最令我激动的是2013年，我有幸加入了中原石油工程海外钻井队伍，找到了一份令人满意的、稳定的翻译工作。凭借熟练掌握中文的语言优势，我在队上还起到了架起中哈员工友谊桥梁的作用。

工作期间，我除担任现场翻译外，还积极融入现场的各项工作，与全队中哈员工和谐相处。能加入这个大家庭，我觉得自己非常幸运，也更珍惜这份很多人梦寐以求的工作。说实话，我的家庭条件不好，最初我是为了给家里减轻负担，奔着更高的收入来工作的。每次倒班回家把工资交到父母手中的时候，父母和家人都开心得合不拢嘴。稳定的工作让我家的经济压力也得到了缓解。当我离开家再去上班的时候，父母会再三嘱咐我，要在中国石化好好干、听队上领导的话，要珍惜来之不易的工作。

在中国石化工作时间长了，我的工作岗位、职务级别和工资待遇也在不断提高。中国石化对中哈员工都很公平，会根据工作态度和业绩重用哈方员工。我就是受益者之一。

到中国石化工作 10 年来，我的家庭生活条件得到了很大改善，自己买了房子，也已结婚生子，全家人幸福指数不断攀升。中国石化给了我工作的机会，改变了我的人生轨迹，让我的生活越来越幸福。今后，我要让身边更多的亲朋好友更好地了解中国石化。我对中国石化有着割舍不断的情怀，也要把这种美好情怀传递下去。

今年是中国石化成立 40 周年，我已将自己的人生路，融入中国石化的高质量发展之路中，我愿与中国石化一起为美好生活加油！祝中国石化 40 周岁生日快乐！

厄瓜多尔的“友谊之旗”

吕敏　吴海南　张飞

中国石化江汉石油工程厄瓜多尔项目部进入厄瓜多尔钻修井市场 10 余年来，中外籍员工一起耕耘、一起收获，一段段难忘的经历，照亮了他们来时的路，也折射出中外籍员工的真诚和友谊。

项目部努力为员工建好“一个家”，第一时间为员工解决急难愁盼，让员工工作更安心。

项目部安全员费尔南多是中方员工工作中的好搭档、生活中的好朋友。从投标、开工，到生产、完井、搬家，他都是项目部不折不扣的“守护人”。2010 年，项目部的一支队伍被社区工作人员拦阻，装载的食物无法运抵现场，中方员工与当地人交涉时，费尔南多第一时间站出来：“中国人是我们的朋友，有需求可以好好谈！”多年来，费尔南多不仅积极为项目部解决生产难题，而且为中方员工解决生活难题。新冠肺炎疫情期间，费尔南多成了中方员工的联络人，经常帮忙采办物资，联系机构做核酸检测，组织疫苗接种。

亚克森是业主韦拉公司的操作部经理，也是中方员工张飞在 2019 年结识的老朋友。初次见面时，他们在韦拉公司的钻井液项目投标会议室因为技术问题争得面红耳赤。但在中标后的合作中，双方关系不断升温，话题也由业务和技术拓展到中国传统文化和风俗。现在，每年圣诞节前夕，亚克森都会邀请中方员工到家里做客。他说："我非常喜欢和中国石化员工交朋友。我最大的愿望就是去一趟中国，爬一次长城，看一看兵马俑，感受一下中华文化的典雅大气和包容开放。"

点亮外籍员工的“心愿清单”

董鑫　潘振江

“嘿！王大超，这个中国美食看起来很好吃，这里的灯光和人们穿的衣服都好美，我真的太想去中国了……”中国石化中原石油工程苏丹公司2066队外籍雇员詹姆斯一边指着该队中方员工王大超电脑中播放的陕西西安大唐不夜城视频，一边兴奋地说。

学好汉语、努力挣钱、去中国旅行，是詹姆斯的“心愿清单”。2023年4月，他和其他20名外籍雇员一同来到该队工作。与其他雇员不同的是，他会说3种语言——阿拉伯语、英语和汉语。尽管他的汉语说得不是很流利，但也极大地方便了中方员工与新雇员的交流。

4月下旬，该队承担的TJ-3A井启动施工，詹姆斯担任井队的值班车司机。“我不仅要做好司机的工作，还要学习更多的修井技术，成为咱们队的主力。”他把学习技术、增强技能也加入了自己的“心愿清单”。

为此，詹姆斯时常拿着钻修井专业书籍向同事请教。当中方员工看到他拿着中文书籍，用中文记着笔记，嘴上说着还有些“拗口”的汉语时，都被这个帅气的小伙子惊到了，大家没想到这位外籍雇员这么喜欢中国。“当然了，正因为我非常喜欢中国，所以我要在中国的井队工作，和你们在一起工作很安心，和你们相处很快乐。”詹姆斯说。

为了帮助詹姆斯尽快实现“心愿清单”，该队的中方员工也行动起来，无论詹姆斯何时向他们请教问题，他们都会毫无保留地将自己掌握的知识讲给他听。当他们发现詹姆斯对操作叉车感兴趣时，队上派了专人“一对一”教他驾驶和操作技巧，还贴心地为他安排了练习场地。

不仅如此，中方员工还将电脑和手机里的中文电影、中文歌曲、有声读物等转发给詹姆斯，闲暇时给他讲解中国的山水风景和历史故事。现在，詹姆斯的汉语说得更加流利了，在叉车操作方面也学有所成，还掌握了大量的修井技术、井控工艺理论知识，这为他尽早实现独立顶岗打下了良好基础。

SINOPEC

第 2 篇

洁净行动
共享绿水青山

你好！我的新邻居

——乌干达国家公园野生动物给中国石化中原石油工程队伍的一封信

蒋晨峰　陈日峰

你们好，我的新邻居。你们知道吗？得知你们搬来的消息时，我和我的小伙伴们都很担心。我们这最见多识广的猩猩在外探险时，曾见过人类。它印象中的人类会制造噪声、固体废弃物等多种污染，会破坏我们这安静祥和的环境。所以，我们这些小动物都在讨论怎么把你们赶走。

但是，过了很久都没有你们的消息。我们以为你们不来了，没想到，原来是你们的隐身术、隐声功太厉害了！连最胆小的羚羊都没有发现你们的存在。但这样的做法，让我们更加担心你们在秘密进行什么阴谋。所以我们派出了羚羊、小鹿、灰冠鹤等很多小动物，对你们的一举一动进行严密监视。

随着时间的推移，才发现是我们误会了。原来你们做的这一切都是为了我们着想。

为了减少对我们的视觉冲击，你们不怕被嘲笑“土”，把中国石化原有的红色、蓝色等色彩鲜艳的工装、设备和营房都特地进行伪装涂色；还安装了可调光变色的灯具，确保即使在黑夜也尽量不影响到我们。

为了不打扰到我们，你们装上许多隔音罩，绞尽脑汁采取了隔音、吸音、减震等降噪措施和区域性、主噪声源设备噪声控制技术，把原本高达 120 分贝的噪声，隔绝为白天不超 55 分贝，晚上不超 45 分贝，相当于台式电脑主机运行的声音，10 米外根本听不到。

为了我们的水源、土壤不受污染，听说你们还专门对台面、油罐、泵组、固控罐等进行了改造，通过钻井废弃物回收处理系统实现废物废液零排放，确保所有的危废不落地，让河马先生放下了戒心。

为了我们的空气清新，你们采用发电机组尾气排放和能源消耗系统，使碳排放量减少 90% 以上，有效控制了温室气体排放，确保不让一滴油污落地。我们还看到，你们一起捡垃圾，并进行垃圾分类处理，让这里的环境越来越好。

听到环保组织的人夸你们，噪声控制技术达到了世界先进水平。但我想说的是，你们无时无刻不为我们着想的心，才最闪耀。

你们以实际行动打消了我们的顾虑。我们喜欢你们这样没有“存在感”的新邻居。让我们一起和谐地生活在这片美丽的土地上吧！

科威特修“墙”记

蒋晨峰

骄阳似火，中国石化中原石油工程科威特 SP294 队施工的 BH161 井正在进行钻进作业。钻台下，该队平台经理王起发与队部大班商讨工作方案时，突然看到一辆当地政府部门的安保车辆驾驶至井场入口。被门岗值班人员拦下后，一名微胖的中年男子从车上下来，焦急地向值班人员描述着什么。

“不会是车辆陷在沙漠里需要拖车吧？”机械师徐峰猜测道。之前，当地人在油区沙漠行车时车辆陷入沙漠的事情曾发生过不少次。

当地朋友有困难，遇到了就要尽力帮助，平台经理王起发抱着这样的心思迎了过去。当他走近大门口时，听到中年男子说：“我们的墙倒了，需要你们的帮助！请你们安排叉车帮我们重新砌起来好吗？”

中年男子的一番描述反倒让王起发一头雾水：墙倒了？这荒无人烟的地方别说墙了，连一块砖头都难找到……

“朋友，你别着急，到底是哪里的墙倒了？”王起发问道。

“你看，就是那个方向，离你们井场不远处的墙。”顺着他手指的方向望去，王起发总算是明白了：原来，随着对环保工作重视程度的不断提升，科威特政府为了保护地方生态环境，防止骆驼等动物啃食沙漠植被和车辆进入，专门用铁丝网和土堆围墙，在北部油区圈了一片土地作为保护区。而 SP294 队当前施工的井场正好在保护区的边上，这位中年男子正是保护区的安保人员。

当天，他在巡查时发现，距离井场半公里左右的一处围墙不知何时露出多个大缺口，许多车辆和动物开始从缺口处进入保护区。如果不及时对围墙进行修复，保护区环境将面临严重的破坏。

在确认井上的工作暂时不需要叉车协助后，王起发立即安排叉车随同安保人员前往缺口处开展围墙修复工作。

随着叉车轰鸣，沙尘飞扬，经过两个多小时的修补，几个围墙缺口全部被堵上。随后，王起发又安排叉车对绵延数十公里围墙的部分薄弱地区进行了加固处理。此时，这名安保人员紧张的脸上终于露出灿烂的笑容："真的太感谢你们了！要不然我真不知道该怎么办。"

林中有井，“瓶”中有瓶

姜军伟　高风　武思权

进入中国石化国际石油工程厄瓜多尔子公司 191 井队后，我们戴好安全帽和手套，爬上钻台准备拍摄几个镜头。工作快结束时，回过头来，赶路时忽略的景色此刻尽在眼前展开：井队员工们原来就在茂密的亚马逊雨林中不断忙碌着。

钻井的轰鸣声远没有想象中的巨大，“噪声的控制竟也如此精确。”我们不禁感慨。钻台下面，一排排整洁的白色营房在不远处有序排列，外表十分简约。井队向导富兰克林的大嗓门让我们突然回过神来，他招呼我们去吃午餐。走近营房，一个巨大的“瓶子”引人注目，其中的空瓶则提示着——这是一个别出心裁的回收站，这个“大瓶子”不仅装载着员工们日常生活中收集的废瓶，也彰显着中国石化对厄瓜多尔当地环保的承诺。

“这‘大瓶子’还真不一般呢！它完全是用工作中废弃的材料制作的。我们特意把它放在分类垃圾桶旁边，也是为了提醒工人们不要乱扔垃圾。”富兰克林介绍道，“每当‘大瓶子’装满小瓶子，我们就请回收公司统一处理。换取的一点报酬嘛，就用来买糖果和零食，给周边社区的小朋友们分一分，大家都很开心！”

无独有偶，SINOPEC903 队正在举办“减塑捡塑”活动，SINOPEC248 队正开始设立“旧瓶回收站”，SINOPEC185 队和 SINOPEC156 队都同样重视宣传部署环保工作……越来越多的井队参与到绿色行动中。这些“大瓶子”也仿佛为亚马逊雨林点缀着别样的翠绿。

“我们每个人都要为环境负责，这是义务，更是责任。因为每个小小的举动都可能影响到这片美丽的自然。”中国石化国工厄瓜多尔子公司作为共建“一带一路”倡议的探索者、践行者和受益者，坚持为建设一个“清洁美丽”的世界而不懈奋斗。厄瓜多尔是第一个正式承认自然权利的国家，面对极高的环保标准，中国石化严格遵守当地和国际的环保政策，将环保理念贯穿于项目建设的全过程，在当地树立起中国石化绿色、环保、安全、健康的良好形象，在运营过程中尽最大努力守护厄瓜多尔的自然生态。

2023 年 6 月 5 日是第五十个世界环境日，主题就是“塑战速决”。由于塑料污染会导致气候变化、生物多样性丧失、污染和废物三重危机，为此，中国石化开展了“我们的地球、我们的健康”等一系列宣传活动。一片绿色雨林，一个绿色瓶子，一场绿色行动，在这片生机盎然的雨林中，中国石化誓言保护绿色；在全再生的“大瓶子”回收站中，中国石化承诺填满绿色；在一次次接力投递的行动中，中国石化忠于践行绿色。环保意识已逐渐形成一种集体共识，成为每一位中国石化国工厄瓜多尔子公司员工心中的一份承诺，大家共同努力，用实际行动守护着这片亚马逊雨林的纯净。

在回基地的车上，富兰克林对我们说：“虽林中有井，但‘瓶’中有瓶。我们的环保行为促进了人与自然的和谐共处。其实你们没注意到，在我们刚才吃饭的时候，有几只红色的小猴子一直在树上盯着我们呢！”

红色工衣和绿色营地交相辉映

许建峰

从乍得洛贡河畔，到加蓬郁郁葱葱的热带雨林，再到非洲青尼罗河畔与河马、鳄鱼、水蛇和平相处，面对勘探区块内脆弱、敏感的生态环境，身着红色工装的中石化地球物理公司海外项目员工在乍得、加蓬等地的项目施工中，始终坚持绿色高质量发展理念，绘就一幕幕油气勘探与自然和谐共生的美丽景象，展现了人与自然的相融之道。

记忆深处的哈比河

加蓬共和国的热带雨林中，树木郁郁葱葱、生机勃勃，其间鸟鸣幽啭、热风阵阵。雨林中，远近错落、高高耸立的面包树静静地守卫着无边的原野。

地球物理公司参与加蓬石油地震勘探项目的 8 名生产技术骨干组成“先遣队”，根据项目事先规划的路线，从驻扎在首都利伯维尔市的项目部出发。他们要赶在雨季来临之前，在工区内的哈比河边建设一个可供几百人驻扎的营地。

乘木船在尼扬加拉河的分支哈比河上摆渡，之前四五十米宽的河面宽度陡变 200 余米，河面浊浪翻滚，涛声隆隆，洪水声势令人生畏。

经过 8 个小时的长途奔波，他们抵达一座小岛后住了一宿，天蒙蒙亮时就出门，带上营地建设工具和生活物资，租了 3 台皮卡直奔项目工区。

到了目的地，他们根据事先画好的图纸，用手持导航仪定位，选择一片相对平缓的场地，开始了一场安营扎寨的“阵地战”，这也是一场锤炼意志的“持久战”。

晴天闷热难忍，雨天两脚泥泞。没有推土机，大伙儿用镰刀割草砍树，清出一块场地，腿被树枝划得伤痕累累；没有住房，他们自己动手搭建帐篷，用于住宿和办公；没有电源，晚上就点上蜡烛用于照明，在昏暗的灯光下，大家根据地形及时调整营地设计；没有厨房和冰箱，平时的餐饮就是自带的挂面、法式面包棍和矿泉水。

“非洲的蚊子有钳子般的利嘴。早上打水去沐浴，结果被蚊子咬回来啦！”

“白天我独自上卫生间，大腿和胳膊被咬得到处都是包。”

忙碌的时光由汗水来串联，显得充实丰盈。多少个日日夜夜通宵达旦，占地几百平方米的营地建设终于完成。

伴随着哈比河的静水流深、灌木丛中的虫鸣蛙叫，项目如期开工。

青尼罗河畔的水上营地

初见地球物理公司青尼罗河 5B 区项目水上营地，4 条 2.5 米宽、9 米长的白色双龙骨船舶连接在一起，船上的营房车随风漂浮，船体四周红色的装饰条显得格外醒目。

站在船上望向四周，暑气与湿气升腾，河岸成了一道不规则的绿色曲线，碧蓝的天空中悠悠几朵白云，洋洋洒洒地点缀着青尼罗河。

河道一侧不远处，一条载运几百桶航空煤油的船舶缓缓驶入，停靠在河边的小岛旱地，中外籍队员用绳子将一桶桶油料卸到营房船上，再运送到 3 公里远的机场外储存。每天清晨，直升机 7 时加完油，8 时准时起飞……这便是水上营地日常忙碌的场景。

5B 区项目位于青尼罗河深水沼泽区，主要河道是一条几百米宽的清水区，而作业区位于河水混浊的泛滥区，直升机拉运施工设备需要大量的航空煤油。临时建成的水上营地，不仅用于运输航空煤油，支持野外生产，给人员设备用于短暂停靠，而且可以给项目后勤提供一些补给支持。

刚开始，大伙儿面对河道里河马、鳄鱼、水蛇的挑衅，还有些惊恐。半年过去，大家互不招惹，竟然保持了长时间的和平共处，时常彼此看到对方，默默转身离去，并不觉得稀奇。

河道内的船只穿梭往来，岸上的树木在风中婆娑舞动。站在青尼罗河边，水上营房错落有致，经过一场雨水的洗礼焕然一新，在阳光的照耀下格外引人瞩目。

震源通过洛贡河

抬眼望去，数台白色的震源车，鸣着笛声，车灯飞闪变换，正依次缓缓通过非洲洛贡河上修建的简易桥梁。这是地球物理公司乍得 BCO 第三区块地震采集处理解释一体化项目采集施工现场。

进入旱季的乍得闷热潮湿。项目运行初期，队长赵小飞和工农组组长何建平一踏入勘探工区，就着手考虑在工区内的洛贡河上修建临时桥梁。BCO 第三区块分二维和三维两个标段，洛贡河横穿三维区块，如果不修建临时桥梁，震源作业就要到 200 多公里外的大桥绕行，抵达指定施工区域至少需要一天时间，这将直接影响项目的施工进度。

“如何做好生态环境保护预案，才能做到修建临时桥梁而不破坏原河流地貌？”“洛贡河宽 60 多米，如何快速修建且有效规避风险？”他们不断思考着。

在洛贡河上搭建临时桥梁，难度可想而知，赵小飞和何建平提前做足了功课。一方面，在河道区内建立小营地，集中采集设备，争取一次性通过自建桥梁运输到位；另一方面，和当地市长沟通，很快，他们顺利拿到了当地环保官员签署的备案文件。

何建平最终在工区的中间位置选了一个河水较浅的地方，用编织袋装上砾石，一层层在洛贡河上堆砌碾轧。历时 7 天，使用砾石填装编织袋 9980 袋，安装泄洪管道 6 处，一条 7 米宽、86 米长的漫水土坝桥顺利合龙。经过多次往返试车，临建桥梁符合通车要求。

几天后，所有地震采集设备和震源车顺利通过洛贡河，项目按完工时间节点有序推进。

树木，树人，树品牌

费自乐 / 口述
杨光威 / 整理

2007 年，我从印度来到沙特阿拉伯，在中国石化国际石油工程沙特分公司找到了人生的第一份工作。从那一年起，我的人生发生了改变。

我叫费自乐，本来我认为自己会和其他同乡一样，中专毕业后在沙特找一份普通工作，然后一直工作下去，过着一眼望到头的生活。但在中国石化我感觉到了不一样。那时候，沙特的工程项目几乎都由欧美公司承揽，中国石化是第一家进入沙特市场的中国公司。那时公司总共只有不到 10 台车，我驾驶其中 1 台。参加工作没多久，我参加了一次特殊任务——和公司全体员工一起植树。

事情是这样的。当时公司刚拿到 4 台钻机的作业合同，业主方提供了一块基地用于后勤支持。基地位于沙漠边缘小镇布盖格，这里是通往油区的必经之路，但是人烟稀少、黄沙满地，几乎看不到绿色。虽然那时是 10 月份，但是白天的温度仍高达 40 摄氏度。我看到公司所有的中方人员，从管理人员到工程师，全都驱车 100 公里来植树。每个人都卷起袖子，挥动铁锹，在荒芜、硬实的戈壁滩上，挖下一个个树坑，放下树苗、浇水、回土，看得出大家都很熟练。和我搭档的是公司总经理。他告诉我，在中国，大家每年都会植树，今后也会每年在沙特植树。我真的很吃惊，因为在沙特植树是一项很少有人做的工作。种树容易，但是养树很难，这里常年干旱少雨，夏季高温酷热，风沙肆虐。在这个水比油贵的国家，每天给树浇水养护难度很大。如果要每年都种树，得花费很多的金钱和人力啊！

除了政府，很少听说有外国公司会在沙特种树。

记得那天天黑前，在这个未来基地的围墙外，我们种下了几百棵树苗。听总经理说，这里不仅是生产基地，还要建一个培训中心，要培养当地的技术人才，教会当地人业务技能，也与他们交流中国文化。我很兴奋，表示也想参加培训，希望得到进步和提升。总经理说："当然可以，你也能教大家你熟悉的知识，大家互相学习。"我听后简直不敢相信，心想中国公司果然不一样，真的庆幸能在中国石化工作。

如今已经过去了 16 年，中国石化已成为沙特阿美最大的陆上钻井承包商和重要工程合作伙伴，公司拥有的车辆从当年的不到 10 台已增加至 1000 多台，我也从司机成为了车辆管理员。基地的培训中心早已建成，我每年都会来这里给大家做防御性驾驶培训。截至目前，培训中心累计培训达 20 多万人次，有 2 万人通过培训在中国石化找到了工作。每年我还会和同事一起来基地植树，当年的小树苗如今已经长到了 10 多米高。不仅在基地，公司还在项目和生活营地种树，目前共成活了 5000 多棵。

我会一直在中国石化工作下去，我也会继续每年来植树，每年来培训中心授课、听课。我相信，中国石化一定会在沙特发展得越来越好。

达瓦雷的驴子笑了

贺宇慧　胡一峰　门达·泽克莱

“我们今天赶着驴子去中国人建的水池打水，水池离家很近，水也很干净，我和妈妈都很开心。我们在打水的时候，驴子们也喝饱了水，发出‘啊额啊额’的叫声，我觉得驴子也开心地笑了。”这是一名八岁的小女孩在她的日记里写下的话。她叫哈蒂亚，和父母、弟弟、妹妹一家五口住在小镇达瓦雷，以放牧为生。平日里，爸爸和弟弟负责放牧羊群。她除了上学外，还和妈妈负责取水、做饭、洗衣服等家务劳动。

达瓦雷镇位于埃塞俄比亚和吉布提的边境附近，这里有着漫无边际的戈壁。世代在这里居住的人们，已经习惯了赶着驴子，长途跋涉去取水，供给人和牲畜日常饮用。以往，取水地离家很远，哈蒂亚和妈妈需要赶着驴子往返接近两个小时。取回的水很咸，如不煮沸，喝了总拉肚子。哈蒂亚觉得每天放学回家都有干不完的活——取水、拾柴、烧水……常常做完家务天都黑了，没有时间坐下来好好看看学校的功课。

这一切，都在 2017 年 6 月发生了改变。这一天，埃塞俄比亚 - 吉布提跨境供水项目竣工，不仅哈蒂亚一家人，61 万吉布提民众都迎来了洁净的“幸福之水”。

在此之前，为了完成这一供水任务，来自中国石化的项目团队在东非大陆奋战 27 个月，在黄沙和烈日中与时间赛跑。供水项目建造沿线，一眼望去是清一色的荒漠，大风随时扬起的沙尘在空中弥漫，能见度常常不足 10 米。这就是他们工作和生活的环境，尽管条件极为艰苦，项目还是比预期提前完工。

“每个营地都通过自己打井抽取生活用水，在埃塞俄比亚境内主要生活补给物资是从五六百公里外配送过来的。”项目部员工在工作日志里写道。他们将建材、生活物资储备在分营地，每修完一段水管便将营地向前推进一段，直至全线贯通。

生活环境考验着团队成员的意志力，技术难度则考验着团队的专业化程度。项目水源地位于埃塞俄比亚高原，海拔 975 米，三面环山，通往吉布提水厂，一段落差 70 米的悬崖是必经之地。在这样的地理环境下，如果水直接冲下管道，会导致爆管。面对这一难题，项目组成员广泛咨询领域专家，多方学习、多次论证，并通过技术人员反复试验来检验论证结果，最终解决了压力爆管问题。

项目不仅设计和建造标准高，还引入了“无人值守”技术——在 370 公里的供水管道沿途，设立了多个数字化信号点，解决了管线点多面广和信号传输、接收衰减问题，运维人员可以通过主控中心平台监测全线供水运行情况，及时发现问题、解决问题。

能源至净、生活至美。吉布提总统伊斯梅尔·奥马尔·盖莱曾表示，水资源对吉布提的民生和社会经济发展意义重大，能用上优质、清洁的水资源是所有吉布提人民长达 50 年的期盼。2017 年 6 月 30 日，来自中国石化的团队，让他们圆了梦，370 公里管道里流淌的洁净之水，润泽了干涸的土地，也承载了埃塞俄比亚和吉布提人民对未来安定、富足的美好生活的向往。

埃塞俄比亚－吉布提跨境供水项目是中国石化参与建造共建“一带一路”国家民生项目的缩影。目前公司承建的民生供水项目，涉及 7 个共建“一带一路”国家，总体供水规模约 120 万吨 / 日，惠及超 800 万名民众。

不畏艰险、迎难而上，为广袤非洲大陆的民众提供能够带来美好生活的“幸福之水”，是中国石化对品牌承诺的履行，更彰显了中国的大国担当。

在埃塞俄比亚的荒漠，当地民众在项目水井边开凿了一条一米多宽的水渠，用来灌溉农田，绿油油的农田沿着水渠伸展，一片生机勃勃。

“有了稳定水源，种地不用再看天了。”一名埃塞俄比亚农场主说。据了解，他在农场种植的洋葱，卖了 3 万美元。在非洲，通过种地赚钱，是他从未想过的奇迹。

“我听大人说中国人在阿迪加拉打井，把水送到吉布提去。他们真是太了不起了。”哈蒂亚在日记的最后写道。

向前看，一起走

穆罕默德·阿尔杜拜斯 / 口述
郝晓明 / 整理

我叫穆罕默德·阿尔杜拜斯，沙特人，2021 年加入中国石化五建公司沙特贝里油气处理项目，主要负责项目部质量文件管理报验和项目部在当地的相关事务。作为沙特籍员工，我积极发挥自身优势，帮助项目部与第三方、业主沟通协调，并及时将质量检验结果通知项目部有关人员。

过去两年多来，五建公司将沙特阿美公司、塞班公司的质量管理制度和中国石化的企业文化相结合，融入项目质量管理细节中。针对员工的不同文化背景，公司在沙特项目中尊重本地风俗习惯，加强中沙员工间的跨文化沟通交流，建立健全沙特籍员工管理制度，形成了规范化、标准化、系统化、信息化的项目管理体系。

我所在的项目部位于沙特东部的阿布阿里岛上，岛上不仅气候潮热，还经常刮风沙，对员工的工作和生活影响都比较大。为此，项目部积极改善员工生活条件和当地生态环境，曾经多次组织员工在营地开展植树活动，不仅对防风固沙很有帮助，也使得整个营地面貌焕然一新，充满了生机和活力。我感觉大家的心情也变好了很多。

同时，项目部还积极在办公室周边区域组织开展“Civilized Construction”（文明施工）活动，收集散落在各处的塑料瓶、木板、钢筋、电缆等废弃物。我的同事们每次都能收集到一堆。看到环境变干净了，他们也很有成就感。后来，我也开始参与其中。我觉得这些活动都非常有意义。

公司十分重视跨文化管理，通过文化交流和融合增强团队凝聚力。项目团队的成员能够相互支持、尊重、配合，工作氛围融洽和谐。工作之余，我学习了很多汉语知识和中国传统文化。汉语不是一门容易学的语言，想要达到令人满意的水平，需要付出巨大的努力，但我希望能继续学习。

近年来，越来越多的沙特人喜欢中国文化。每逢春节、端午、中秋等中国传统节日，人们都会积极参与在沙中国人的庆祝活动。电影院里上映了很多华语影片，很多沙特学校都开设了中文课程，学习中文的学生越来越多。现在，在沙特过中国春节越来越热闹。

希望今后我能有机会去中国，到五建公司的所在地广州看看，拜访我在工作中结交的朋友。他们有些曾在沙特工作，现在已经回到广州。我可以诚实地说，我在工作中遇到的中国人，是我一生中遇到的最善良的人。

打绿色井，种绿色树

华春哲

“前几年，这里一片荒凉，现在已变成小绿洲了，宛若一块绿宝石镶嵌在沙漠里。”中国石化国际石油工程科威特分公司高级司钻穆罕默德手指向远方丛林，骄傲地说道，“很多这样的小绿洲，都是我们中国石化钻井队留下的。”

穆罕默德是科威特分公司 SP158 钻井队的一名科威特籍员工。在来中国石化工作之前，他只是一名普通场地工。2010 年，他与中国石化结缘，此后的十余年中，他苦练技术，逐步成长为井队高级司钻。“现在我工作体面，收入也很不错，是家里的顶梁柱。”穆罕默德幸福地向大家展示自己手机中拍摄的照片，手指滑过的一张张照片中记录着他在钻井队工作生活的点滴。

科威特 SP158 钻井队连续 13 年安全生产无事故，钻井日费率长期保持在 99.5%，累计进尺 38 万米，相当于打下了近 43 个“地下珠峰”。科威特国家石油公司对中国队伍的态度，从当初的怀疑逐步转变为认可，2023 年对承包商进行考核时，位列前十的承包商中有 7 家来自中国石化，中国石化成为科威特最大的陆上钻井承包商。

由于中国队伍业绩优秀，科威特国家石油公司不仅逐渐信任中国技术，甚至推广起中国标准，并为中国石化拍摄专题宣传片，号召其他承包商向中国石化学习。

在中国石化施工过程中，一个细节引发了当地居民的关注——钻井队所过之处，竟然出现了一块块小绿洲，绿树成荫。

这是由于中国石化注重绿色环保，并积极号召员工将环保理念贯彻到施工实践中，助力当地人民建设美好家园。穆罕默德与钻井队的其他成员积极响应号召，时常在工作之余到井场周围种树。

“有时我们会比赛，看谁当天种下的小树苗更多。”穆罕默德曾在一处施工现场种下了 30 棵树苗。

通常，钻井队一至两个月就会搬一次“家”。每当科威特 SP158 钻井队从临时的“家”搬离时，那片土地往往已不复当初的荒凉。留下的固定装置设施和一棵棵树，都成为他们存在过的证明。触目可及的绿，给当地增添了希望的颜色。

在钻井队现场沿线，经常可以看到这样的场景：科威特籍员工与中方员工齐心协力，共同栽种一棵棵树苗。从一棵树到一片林，两国人民凝聚力量，将荒芜的沙漠变为充满生机的绿洲。伴随着一片片绿洲的出现，穆罕默德也从“小穆”变成了“老穆”，他见证着中科两国人民为美好生活愿景共同奋斗的历程，也见证着绿色环保之路的希望。

中国石化的井队让人放心

Shamim Husain/ 口述
张睿 / 整理

我叫 Shamim Husain，今年 46 岁，出生于印度贾坎德邦，目前是科威特石油公司甲方监督，负责中国石化西南石油工程科威特项目 SP271 井队的项目监督工作。

这是我与中国石化共事的第二年，“SINOPEC is very very good”是近一年来我不断重复的一句话。每当有工程师或者高级专家到井队视察，我总是对 SP271 井队不吝赞美之词。

我先后在 8 个不同国家的 10 家不同公司工作，这是第一次与中国石化、与中国人共事。2021 年 7 月初，我第一次来到 SP271 井队。在来到 SP271 井队以前，我以为的钻井队可能充斥着随处可见的油污和肮脏的泥浆，以及一堆冰冷的机器。然而走进 SP271 井队的施工现场，却发现到处张贴着绿色发展的标语。井场营房前的绿色植物在干燥恶劣的沙漠环境下显得生机勃勃；办公室门外放置着“绿色井队”提议盒和可再生塑料收集箱，油不落地、液不外排、废有所收。这是中国石化打造绿色井场、助力清洁生产、全力构建低碳绿色企业的一个缩影。

这支井队随时随地践行着安全环保的施工理念。记得有一次，WEIR 公司的套管头防磨套卡在井内，直至上提到工具达到最大负荷仍无法取出。队长决定去附近的中国石化井队借取放工具。中国石化借出工具的同时还给予了一系列建议：

首先打水泥塞确保井控安全，拆防喷器，然后取防磨套。借到取放工具后，现场工程师又开始犯难，认为井下处于漏失状态，应该比较稳定，若打水泥、扫塞，会大大影响施工进程，询问中国石化井队是否可以直接拆防喷器，取防磨套。“这样不符合钻井作业程序，谁也不可能保证井下安全。”队长斩钉截铁地拒绝了。后续按照中国石化井队的建议方案，耗时不到 1 天就解决了这个看似无法解决的难题。这也让我感受到中国石化不仅效率高，还注重安全。经此一事我对中国石化更加放心。

从 2021 年 11 月 1 日开始，SP271 井队就在科威特国家石油公司的推动下开展了“绿色井队”环保活动。近一年来，SP271 井队各项目安全平稳推进，同时，井队始终贯彻“节能减排、绿色低碳”的环保理念，大力推广节能技术，能耗指标、柴油消耗逐月降低，成为甲方钻井承包商眼中的绿色环保标杆队伍。

工地上的“围观者”

许建峰

在野外从事石油地震勘探工作，工地上的“围观者”随时让人感受到人与动物“共存共荣”的和谐感。

中国石化地球物理公司国际业务发展中心墨西哥 HUELITLI 三维项目的队员们在沼泽深水区穿梭作业时，总会和各种不知名的可爱鸟类不期而遇。这些鸟儿配上它们或大或小的鸟巢，形成了一道道别致的风景。

五颜六色的鸟儿是即兴啁啾鸣唱的“围观者”，不待人们走近便振翅飞起，翩翩远去。

队员们在高大的水草中开辟一条通道，不会砍伐搭建有鸟巢的树木，以免伤害鸟儿。有时，会在高大水草中偶遇小巧玲珑的鸟蛋，每当此时，大伙儿便会忘记汗流浃背的疲惫，情不自禁地乐起来。

冷不丁马蜂还要出来凑凑热闹，队员们即使穿着工衣、戴着手套和防蜂帽，但也难免防不胜防——大伙儿都有被马蜂追逐和蜇咬的经历，不得不用手中的工具进行驱离。

队员们在施工过程中坚持“环保优先”的铁律，每月 HSE 晨会上总会提醒大家保护野生动物，不准捕猎，不准购买，不准食用。

在这片深水沼泽中，鳄鱼常把运载工具当成一种奇怪的动物，在它们的眼中，人类如同不速之客。起初，队员们驾驶着“泥里爬”作业时，时常有小鳄鱼从水草间爬上“泥里爬”东张西望，大伙只得停止作业数分钟，待它们离开后再继续施工。时间长了，彼此也习以为常，通常是互相对视数分钟，相安无事，离开就好。

炽热难耐的天气下，沼泽深处丛生的高大水草绝对是蛇类绝佳的生活场所，它们是让人感到惊恐的“围观者”。时常有蛇围趴在节点设备或检波器的连线上，当队员靠近时，它们便以很快的速度呼呼溜过。时间久了，大家也都有了经验，先用小棍敲一下，“打草惊蛇”后再收放节点设备。

在清晨及黄昏时分，最令人感到好奇的“围观者”当属树上的黑色长毛吼猴。它们发出的阵阵咕噜声及重复的吼叫如同带了一个扩音器，释放出忧伤与快乐，能量十足。

走出沼泽，安静的“围观者”自然是放养在天地间的牛、羊、马。它们食青草、饮甘露，在农场内四处游荡，时不时驻足围观队员们作业。

物探队员在墨西哥从事石油地震勘探工作，与这些“围观者”朝夕相处，和谐共存，共享生命之美。

阿美公司为我们颁发环保荣誉证书

刘俊方 / 口述
杨红苏　李小强 / 整理

我是中国石化中原石油工程沙特公司负责人刘俊方。近日，在沙特阿美公司的承包商月度安全例会上，我很荣幸地接受了阿美公司高级副总裁阿卜杜拉迈德颁发的荣誉证书。这是对我们沙特公司在环境保护方面所作突出贡献的表彰，是对沙特公司一直以来在环保方面的努力和良好实践的肯定。

5 月初，沙特阿美公司组织各承包商开展宰赫兰－阿布尅科高速公路垃圾清理活动，中原石油工程公司沙特公司积极参加此次活动。我们共清理高速公路边的垃圾近 100 吨，大大改善了高速公路周围的环境，受到沙特当地民众一致好评。

自 2000 年进入沙特市场以来，我们沙特公司全体干部员工认真遵守沙特当地政府环保法律法规，积极落实阿美公司的环保要求，制定了废水处理、溢油处理、固态垃圾回收、噪声控制、食品卫生等 14 个领域的环境保护制度，并督促各单位认真执行。

在施工现场，我们实施垃圾分类存放，定期由具有阿美公司授予资质的第三方垃圾回收服务公司回收处理；我们配备了双层油管，防止油料污染；配备了污水处理罐，对工业废水和生活污水进行回收处理；钻机搬迁过程中，我们对液压管线、泥浆管线等进行包扎处理，防止运输途中油料、泥浆等滴漏造成环境污染；在公司机关基地，我们每年都要组织开展植树活动，大家种植的沙柳树、椰枣树等已遍布基地各个角落，有效改善了员工的工作生活环境。

阿卜杜拉迈德副总裁在颁发荣誉证书时说："感谢你们为促进环境持续改善、减少沙特环境污染所作的贡献，你们的积极参与有助于营造更好的环境和更加美好的明天。"

通过实施一系列环境保护措施，我们履行了社会责任，得到了甲方和沙特当地政府及民众的高度评价，彰显了中国石化负责任的品牌形象。中原石油工程沙特公司今后将以更高的标准和更严格的自我要求，继续为推动沙特环境持续改善作出更大的贡献。

185 公里“水路”造福沙漠绿洲

杨森　苏豪鑫

“今年的椰枣一定更香、更甜，感谢中国石化的建设者！”当地的种植大户默德大叔看着自家郁郁葱葱的椰枣林，高兴地说。

2018 年 11 月 13 日，由中国石化石油工程建设公司中原油建承建的沙特农业部库巴至哈撒净化水输水工程结束为期 84 天的投产试运行，累计输水达 333 万立方米。被沙漠环绕的沙特哈撒地区旱季严重缺水，该工程的投产运行，成功解决了当地椰枣种植户用水难的问题，并惠及周边上百万居民。

该项目是沙特有史以来最大的水循环再利用项目，全长 185 公里。项目建成后，沙特库巴市生活污水处理厂的三级净化水将被输送到沙特哈撒市最大的农业灌溉区，提供哈撒绿洲地区 45% 的灌溉用水量，日输水量达 20 万立方米。中原油建历时 8 年，安全优质地完成了工程建设任务。

千方百计拿下“拦路虎”

沙特农业部库巴至哈撒净化水输水工程作为中国石化集团公司沙特市场上的第一个地面工程设计 - 采购 - 施工 - 试运行（EPCC）项目，于 2011 年 7 月 20 日正式启动。在阿布奎克至哈撒段，大面积的岩石段给管沟开挖带来不小难度。由于管道伴行高速公路，管沟开挖严禁使用爆破，只能采用人工开挖的方式。为保证施工质量和进度，员工从国内购买了油锤，利用液压挖掘机自己组装破石机。

通过破石机和人力相配合，他们攻克了长达 9 公里的岩石层管沟。

在穿越沙特阿美石油管廊带时，流沙使得施工举步维艰。为了应对流沙层，他们在 10 公里的沙漠地段内，每天由水罐车先将施工地段浇湿，浇一层水挖一层管沟，再给每一层管沟铺上绿色的密布网用于防风沙。绿色的阶梯形管沟成为该区域施工时一道壮观的风景。

在哈撒灌溉区，没有了岩石、流沙的阻碍，但高位地下水让施工更加艰难。该区域有长达 15 公里的灌溉区，管沟开挖半米多就会出现地下水，加之淤泥层下就是流沙层，黏土层较少，地基承载力差，管沟成型困难，采用传统的吊管机下沟并不适用。

他们制订了一套方案：先在管沟下打入 H 形钢桩和拉伸桩，再通过双排降水管将地下水抽出，将水位降至管底下方半米处；然后给管沟底铺上干沙；最后，通过分层加横梁与支架，使管沟在保证深度的同时更加稳定。

不断加大技术攻关力度，确保项目整体质量

面对施工作业带狭小、地下管网错综复杂等实际困难，该公司以技术为龙头，抽调精兵强将，不断加大技术攻关力度，确保项目整体质量。

为了提高焊接质量，公司将全自动焊接工艺应用到该项目中。通过调研，他们引进了 3 套法国 Serimax 高速全自动焊机。为摸清“洋设备”脾气，该公司抽调多名焊接专家组成工艺研究小组，进行技术攻关。经过多次焊接实验数据采集，不仅形成了一套成熟的焊接工艺，而且创新出成本更低、风险更小、质量极优的聚合物砂浆内衬施工工法。

现场开焊后，该项目部一直在人员配备、设备配备、管道切口、现场布管、烤口、组对、焊接、清口、探伤、防腐等各道工序上，探索高速自动焊接提速办法，并在施工条件成熟地段开展提速竞赛。2013 年 12 月 11 日，高速自动焊接机组奋力拼搏，创下全自动焊接机组日焊接 1524 毫米超大口径管道 41 道焊口的公司新纪录。

中原油建大力推广焊口“五道关”质检方法，一个焊口从开工到验收，要经

过焊工自检、质检员专检、质量部严检、监理抽检、质量监督站验收等至少 5 次检验才算合格。该项目完成总焊口 1.2 万道，焊接一次合格率达到 99.85%。在中交仪式上，沙特农业部灌溉局总经理赞叹道：“你们建设了中沙合作的示范工程！”

多个项目稳固中沙友谊

2018 年 8 月 10 日，历时 2578 天，随着沙特农业部净化水输水管线输水至哈撒 F1 灌溉渠，该项目主干线提前 20 天投产一次成功。

该项目的建成不仅在“一带一路”建设中对两国经济民生具有重要意义，而且是石油工程建设公司在探索海外市场发展道路上迈出的坚实一步。

在“一带一路”建设中，石油工程建设公司始终严格依法诚信经营，坚持本土化发展，注重生态环境保护，积极投身公益事业，在改善当地民生、推动协调发展、促进文化交流等方面发挥了积极作用。

沙特 SWCC 公司延布－麦地那输水管线三期 EPCC 工程项目，将淡水源源不断地通过直径 1.9 米的管线输送到伊斯兰教三大圣地之一的麦地那和延布等市区的千家万户。

纳吉姆立交桥，被沙特东部省省长沙特·本·纳伊夫亲王称赞为“沙漠中一道亮丽的风景”。该工程不仅实现了与胡富夫三层立交桥的完美对接，而且极大地缓解了老城区的交通压力。

达曼 28 号街通道及桥项目让原本每天堵车长达 2 公里、3 个小时才能通过的达曼 28 号街通道与阿布拉阿齐兹国王路交叉口，变成只需 5 分钟就能通过的大道。

一个个项目，如一座座丰碑，不仅见证了中沙两国人民的友谊天长地久，而且将见证中沙携手走向更加美好的未来。

第3篇

携手并进
共谋卓越未来

解决问题就找卫先生

Olof/ 口述
王桂根　沈杨 / 整理

“Need a way out? Find Mr. Wei!”（“解决问题就找卫先生！”）这是一句在沙特延布炼厂（YASREF）项目部广为流传的口头禅。

Mr.Wei，就是中国石化工程建设公司国际业务部经理、沙特延布项目的中国石化业主代表、技术经理师卫刚，无论大小难题，找到他，就一定能得到有力支持。

我是沙特延布炼厂合作方之一，ABV 工程公司的项目经理 Olof。2012 年 3 月，ABV 与沙特延布炼厂项目部（PMT）签订了 MC-5 承包合同。按照合同规定，我们负责除业主采购材料之外的所有设备、建设材料的采购和施工。能与沙特延布炼厂这样的国际化石油公司合作，是我们梦寐以求的事情。

沙特延布炼厂对于设备供货商的选择有着严格的要求和控制制度，他们还有一份 PMAVL（项目主许可供货商名单）。而对名单中供货商的质检则主要由沙特阿美公司执行。由于缺乏对沙特阿美供货商管理程序的了解，ABV 公司在采购关键设备制冷机组时，将订单下给了一家中国制造厂。而这家制造厂在沙特阿美供货商管理系统（9COM 系统）中处于“HOLD（暂停）”状态。“HOLD”意味着这家制造厂的供货资质曾经得到批准，但因为某种原因被暂停了供货资格，且不能通过常规程序恢复。

此时我们已与该供货商正式签署了订单，并支付了预付款。如果撤销订单或重新选择供货商将给我们带来复杂的财务纠纷，也必然会影响项目进度。可如果继续采购又会违反沙特延布炼厂的采购规定，甚至会导致业主对成品的拒收，这该如何是好？

在与沙特延布炼厂的项目经理沟通后，项目部决定委派业主技术经理师卫刚先生作为甲方代表处理此事。

卫先生的加入为这个棘手难题带来了曙光。他迅速前往沙特阿美上海检测中心调查历史背景，翻阅资料寻找问题源头，组织沙特阿美相关部门与我们直接沟通对接，终于查明“HOLD”的原因是此前在与阿美的合作过程中，由于双方对彼此的不了解和沟通不畅，造成了误解。

经过卫先生的不懈努力和多轮斡旋，沙特阿美采购部最终同意对这家制造厂重新进行审计并考虑重新批准的可能。他们调派了全球多个国家的技术专家和审计员对该制造厂进行了为期一周的全面审计。卫先生全程参与并搭建了高效的双向沟通平台，确保制造厂的真实情况得到如实反馈。

苍天不负有心人，审计的结果是喜人的！该制造厂不仅顺利通过了各项考核，还被审计组长称赞其技术和质量水平是“同类制造厂中的佼佼者”。

我们的订单终于可以顺利启动了！经过十个月紧锣密鼓的加工制造后，该订单终于按计划发货，为沙特延布炼厂的 MC-5 区块按期完工提供了有力保障。

2014 年初，因为该供货商在供货阶段的突出表现，沙特延布炼厂业主高层与供货商高层代表在迪拜进行了会晤，正式将该供货商重新纳入沙特阿美公司的合格供应商名单。

卫先生通过努力不仅成功帮我们解决了难题，促成了业主方与供货商的深度合作，为中国石化股东权益提供了保障，更为中国制造赢得了声誉。

在卫先生的身上，我看到了中国工程师的责任担当、敬业奉献和家国情怀。“Need a way out? Find Mr. Wei!”这一句口头禅，充满了我们对这位来自中国的工程师的深深敬意。

请喊我“Ali SINOPEC”

许建峰

太阳从撒哈拉沙漠上空升起，营地上“SINOPEC”的标识在阳光下熠熠生辉。空气干燥炙热，不远处，数十名阿籍员工正在紧张有序地检修测试采集链。

阿里·穆萨卫是中国石化地球物理公司阿尔及利亚项目 SINOPEC 311 队的一名员工，一大早就到了办公室，准备放线班各小组所需的电台和对讲机。他将设备按次序分发完毕，接着清点人数、检查劳保、记录考勤、安排工作。6 时 10 分，放线班阿籍员工出工后，他便紧张有序地投入卸车、搬运、检修、测试采集链的工作中。

到中国石化工作之前，阿里曾在阿尔及利亚当地最大的石油物探公司 ENAGEO（国营地球物理公司）担任放线班组长。2012 年初，SINOPEC 311 队和 ENAGEO 建立合作，阿里被选派到混编队伍。为了和另一位与他同名的中国石化雇员区分，大家更喜欢叫他“Ali ENAGEO”，他自己也很喜欢这个新名字，要知道当地员工都以能进入本国国企工作为荣，因为那意味着工作稳定，薪资可观。

谈及当初他到中国石化工作的初衷，阿里说，在 SINOPEC 和 ENAGEO 合作时，中方人员严谨的工作作风给他留下了很深的印象，并且中国石化有着完善的激励机制，员工干劲很足。

有一次，营地来了一些新雇员，被安排到后勤岗位工作。一个多月后，部分雇员因为工作出色，被上级安排从普通岗位调到班组担任小组长。阿里告诉我，他看到几位基层岗位员工通过自身的努力，一步步成长为查线工、班长，甚至还有仓库保管员参加完操作员培训后，以优异的成绩通过竞聘上岗，这在他以前的公司几乎是不可能的。

阿里的哥哥在 SINOPEC 311 队修理班从事机械师工作，他的父亲也非常支持他们兄弟俩到中国公司工作。阿里回想起入职中国石化的场景，入职第一课就是岗位培训，新员工在公司文化、HSSE 管理、岗位实操等方面进行了交流和练习。后来，从实习生到放线班组长，阿里每一步都走得很扎实，他坦言除了自身的努力，更要感谢中国石化规范的人才培养体系。

“中方员工比较信任你，中国石化的各项待遇也较好，虽然离家乡远了一些，但是到大公司工作更锻炼人，也能充分激发你的潜力。”当阿里因到中国石化工作意味着远离家乡而犹豫不决时，他的父亲劝他选择留在中国石化。

2014 年 12 月，在合作项目结束后，阿里婉拒了 ENAGEO 的涨薪提议，毅然辞职，选择来到中国石化工作。放线班组长陈登明手把手教授阿里用 SMT 仪器测试小线，用 GOBOOK 仪器快速查线。经过一年多的刻苦学习，阿里掌握了放线班的各项操作技能，工作质量和数量常常名列前茅。从采集测试与修理主管晋升为野外查线工后，他的薪酬也有了大幅提升。

平日里，SINOPEC 311 队从各个方面为外籍员工考虑，提供舒适的居住环境、体贴的节日关怀。和中国石化的同事在一起，他体会到了中国人常说的那种大家庭的温暖。谈到自己未来职业生涯的规划，阿里充满了期待。

在这里，没有别的事分心，他可以心无旁骛地工作。7 年来，他从来没有看到中国员工为工作的事情争吵，大家都相处得非常好，这也是当初中国石化吸引他的原因之一。不管是公司领导，还是普通员工，平时大家聚在一起有说有笑，氛围融洽，没有任何等级观念。作为一名阿籍员工，他感受到了真正的尊重。

阿里对汉语非常好奇，他发现用阿拉伯语和英语与中方人员沟通时，常常交流半天都说不清楚，但一句简单的中文成语就把什么都说清楚了。他说希望自己能一直在中国石化工作下去，学习汉语，也学习中国先进的管理方法，成为一名优秀的管理人员。

当记者问他："你今后有什么梦想？"阿里黑红的脸庞洋溢着自信的笑容。他说，他正在学习英语和汉语，希望中国石化中标项目一个接一个，这样他就有机会回报公司的培养，也有机会成长为查线工带班班长，还有就是希望同事们喊他"Ali SINOPEC"，那样他会更自豪！

努力将中国石化化工产品销得更远

吕心怡

过完年，中国石化化工销售（香港）公司中东办事处的员工们又进入了忙碌的工作状态，就职于该办事处的苏丹籍员工贾法正在与土耳其 Koksan PET 包装公司进行最后的订单确认工作。本次合作中，化工销售完成了一笔价值 2280 万美元的 PTA 销售订单。

谈起这次合作，贾法的喜悦之情溢于言表。他联系大客户，对接产品经理，辅助沟通并协调了成交过程，和办事处的中国同事们一起完成了这笔大订单。

“学汉语丰富了我的生活，让我得到了好的工作机会”

“我 17 岁之前一直在沙特生活，直到 2007 年高中毕业回到非洲读大学。”31 岁的贾法用流利的汉语与中国同事分享自己的故事。

大学时，贾法经常聆听在沙特工作的父亲讲述中国公司在沙特的铁路工程项目，于是萌生了学习汉语的念头。“我当时就认为将来中国会帮助中东国家开发更多项目，所以打算学习汉语，把握住好的工作机会。”贾法说。

于是，贾法白天学习机械工程，晚上去孔子学院学汉语。2013 年，他获得了孔子学院的奖学金，到中国西北师范大学学习了一年汉语，不到一年就通过了汉语水平 5 级考试。“我喜欢汉语，它为我打开了了解中国文化的大门，丰富了我的生活。”贾法说。

2014 年，贾法被兰州交通大学录取为热能工程专业的硕士，开启了在中国的 3 年学习生活。在中国时，贾法去了很多好玩的地方，到过曲阜的孔庙、西安的法门寺，游览过泰山和华山。“中国非常大，我还没有看到中国美丽的全貌，希望以后有机会可以再去看看。”

作为一个合格的“吃货”，贾法还会探索各种地道的中国美食，“我最爱的是宫保鸡丁。”从中国学成归国后，他时常想念中国美食，时常到中餐馆点这道最爱的菜，“我去过很多家中餐馆，但都感觉味道与记忆中的不一样。”

在贾法心中，对中国的记忆占据了相当重要的位置。“我一直在等一个机会，将我和中国重新联结起来。”贾法说。2020 年初，贾法凭借自己对能源化工专业的了解和出色的阿拉伯语、英语和汉语，成功入职了中国石化化工销售（香港）公司。自此，他和中国又建立了紧密的联系。

“感谢中国同事，我要多向他们学习！”

“这两年来，贾法在寻找客户和洽谈沟通方面都成长了许多。”金巍是贾法的师傅，他说，“我们经常和他交流与客户沟通的经验，他会与我分享对中东、非洲商业环境的见解，我也会教给他中国人做生意的方式。”对于销售部门来说，与客户的沟通是合作成功的关键。

贾法每天寻找并联系潜在的海外客户，向客户介绍产品，寻找公司需要的产品供应商。据他介绍，中国石化的化工产品已销往印度、巴基斯坦和土耳其等国家，正在开拓南非和南美市场。他目前正着手联系非洲的客户，将产品销售到更广阔的海外市场。

贾法的办公桌上放着两本有关谈判沟通的书，据他介绍，这是参加“采购与供应”职业培训课程的教材。为提升销售能力，贾法每个周末都会去参加培训课程，学习谈判技巧。“刚入职时，金主任就教了我很多沟通的技巧。我的同事们都有丰富的经验，工作能力很强，我也要多多学习，跟上我们团队才行。”贾法说。

回忆起自己刚入职的时候，贾法对业务还不够熟悉，遇到了不少难题，但中国同事帮他很快熟悉了销售工作，实现了快速成长。“谢谢金主任和我的同事们。”贾法由衷地说。他很开心自己能在一个关系融洽的团队中得到历练和成长，在高水平的商业环境中施展本领，为公司的发展贡献力量。

“中国石化给我家一般的温暖”

作为世界 500 强企业，中国石化为贾法提供了广阔的展现自我的平台。在这里，他深深地感受到中国石化平等、尊重的企业氛围。“我们的团队能高效沟通，会充分考虑每个人的想法，这让大家都感到被重视。”贾法说。

刚入职时，同事们会主动关心贾法的生活，让他倍感温暖的同时，也树立起了对工作的信心。“团队的中国同事就像我的家人，我们相处非常融洽。”贾法说，同事们的关心驱散了他对陌生工作环境的焦虑，让他有了十足的工作热情和干劲。

“我非常感谢中国石化为我提供广阔的工作平台，让我成长了很多。”贾法说，“在这里我能将所学充分应用于实践，在实践中增长知识和本领，从我的中国同事那里学到很多宝贵的经验。”

我叫“哈桑·刘”

哈桑·哈利姆 / 口述
蒋振　唐如意 / 整理

我叫哈桑·哈利姆，是中国石化胜利石油工程科威特项目部 SP159 队孟加拉国籍员工。这里每个人都叫我“哈桑·刘”，这可不是因为我改了姓，而是从入职中国石化的那一天起，我的成长就和我的师傅——刘玉华紧紧联系在了一起。

初见刘师傅，他身体精壮、眉目有神，话虽不多，却透着一份沉稳和自信。工作的时候，他总把我带在身边，日常各项基础操作、检查流程，他都不厌其烦地一边讲解操作要领，一边亲自示范。他带领我根据扣型、尺寸识别不同钻具，通过听声判断设备的工作状态。有时，我对复杂的设备操作掌握不熟练，他就会把操作面板上的各个开关、按键画下来，在休息时帮我一遍遍梳理、记忆。

在他的帮助下，我逐步掌握了日常操作技能。慢慢地，我发现平台经理给我们的指令也发生了变化，从“刘玉华指导示范，哈桑完成”到“哈桑、刘玉华共同完成”，再到后来平台经理只要用手一指地点，喊一声“哈桑·刘”，我就会高高兴兴地背起工具包，跟着刘师傅一起去完成工作。

最难忘的是和刘师傅一起准备参加“五小”创新大赛的日子。为了巩固中外“师带徒”活动的成果，项目部特别鼓励我们师徒结对参赛。白天，我和师傅一起工作，吃饭时我们又坐在一起讨论方案，晚上下班后我们还是在一起查阅资料、做实验……我和师傅形影不离、共同努力，队上的同事也开始“哈桑·刘”“哈桑·刘”地叫了起来。

我和师傅一同完成了设备草图，试制了简便装置，通过了验证测试。等到成果发布那天，师傅却把登台展示的机会留给了我。我们的成果不仅收获了中外同事的掌声，还一举拿下项目部创新成果二等奖……最让我难忘的，是师傅在台下露出的欣慰笑容。

“哈桑·刘”这个称号伴随着我从钻井“门外汉”成长为合格的副司钻。现在，我不仅能独立顶岗，还连续两年获得项目部“优秀员工”称号。可是，师傅却因工作需要调整到了其他井队，平台经理对我的称呼也变回了“哈桑”。然而，我依然怀念被称呼“哈桑·刘”的日子，每当想起这个称呼，我的师傅刘玉华仿佛一直都站在我的身边，指导着、陪伴着、带领着我一天天成长。

倾囊相授的“领路人”

穆罕默德·伊斯兰姆 / 口述
蒋振　周杨 / 整理

8 年前，我怀揣着优秀毕业生证书走出沙特石油技术专科学校，选择到中国石化工作。在这里，我遇到了 3 位让我终生难忘的中国老师。

来到中国石化胜利石油工程沙特项目部井队实习的第一天，我就见到了我的指导老师——高思。他瘦高身材、眉目有神，做事沉着稳重、井井有条。作为井队的平台经理，他工作很忙，但每天都会挤出时间带我认识设备、熟悉现场。这里的钻机和工艺流程远比我从书本上学到的更先进、更复杂。面对我连珠炮似的问题，高老师总是耐心地一一解答，让我在实习期就积累了丰富的现场知识和工作经验。

按照公司为我们制定的成长规划，每两年我们要到中国石化沙特培训中心进行 3~4 个月的集中脱产学习，在这里我遇到了学识渊博的王建业老师。他不仅会操作复杂的仿真模拟机，而且讲起井控等专业知识也头头是道。不论是专业上的难点还是现场遇到的问题，在他这里都能迎刃而解。在他的指导帮助下，我仅用不到 2 个月的时间就通过了 IADC 国际井控考试，成为一名见习司钻。

我和我的第三位中国老师孙晓晶是在新冠肺炎疫情期间认识的。当时我被封控在家，井队平台经理孙晓晶每隔几天就会给我打电话，了解我的精神状态和健康情况，鼓励我积极锻炼身体、参与疫苗接种。解封后，他第一时间安排车辆接我上井轮岗锻炼。时隔数月，当我再次坐进熟悉的司钻操作台，我的眼睛湿润了，整个疫情期间中国石化展现出的管理能力和对员工的关爱让我由衷钦佩。在他的指导下，我开始学习钻井安全管理课程，为成为一名合格的安全官不懈努力。

2019 年，我以公司优秀员工的身份踏上了中国这片神奇的土地。我登上了长城，乘坐了高铁，看到了一个既古老又奋进的中国。我还来到了享誉世界的孔子故里曲阜，感悟“为人师表”的千年智慧。我的中国老师们似乎也在万里之外的异国他乡践行着孔子的思想，对我们言传身教、倾囊相授，成为我们成长路上不可或缺的“领路人”。

我的石油技术成长路

艾哈迈德·塔赫尔/口述
李小强　杨红苏/整理

我是来自沙特的艾哈迈德·塔赫尔，现任中国石化中原石油工程沙特公司SINO-8队带班队长。自2009年加入中国石化这个大家庭以来，我已在这里工作了14年。

14年前，我听一位在中国石化钻井队工作的朋友说，中国人特别爱岗敬业、吃苦耐劳。怀着好奇心，我来到中原石油工程沙特公司应聘，并有幸成功受聘。

然而，到SINO-8队的第一天，荒漠恶劣的自然环境、看似单调的生活，让我在心里打起了退堂鼓。

第二天，井队平台经理找到我，了解情况后，鼓励我安心工作，还安排司钻当我的导师，负责我的安全并帮助我提升技能。在老师的帮助下，不到半个月，我就适应了钻井队的工作和生活环境。随后，我不断学习钻井知识，提高英语水平和操作技能。2022年，我成为队上唯一的沙特籍带班队长。

14年间，我从一名懵懂青年，到如今成家立业，生活发生了翻天覆地的变化。我的父辈以放骆驼为生，辛辛苦苦大半辈子，生活依然艰辛。我到钻井队工作后，家里有了固定收入。现在，我们家买了房子，我也结婚生子。在我的影响下，弟弟也进入中国石化钻井队工作，目前是一名副司钻。作为带班队长，我深知责任重大。工作中，我履职尽责、严格管理。我还负责沙特籍员工管理工作，常常与大家交流谈心，帮助大家解决实际问题。

14 年来，我深深融入中国石化这个温暖大家庭。工作中，我遇到了很多志同道合的伙伴，我们从陌生到熟悉，成为无话不谈的好朋友。井队上的中方员工对我非常友好，他们非常尊重我们沙特籍员工的风俗习惯，还专门聘请了阿拉伯厨师。

我结婚时，同事参加了我的婚礼，带来了礼物和全队人的祝福，让我和家人非常感动。我们队为每名沙特籍员工都制订了成长计划，我每年最少要参加两期公司组织的培训。印象最深的是 2019 年，我到中国石油大学（北京）参加培训，在那里我不仅接触到了先进的钻井技术，更感受到了中国的勃勃发展生机和中国人的满腔热情。

今年是“一带一路”倡议提出十周年，也是中国石化大力践行倡议的十周年。中国石化在沙特这十年，非常注重人才培养、依法合规经营，促进了文化交流和共同发展。我相信，在以中国石化为代表的中国企业积极推动下，“一带一路”倡议将会为全球带来更多共赢、共同发展的机遇和成果。

我愿意一直在这里工作下去

穆罕默德·艾萨 / 口述
周杨　蒋振 / 整理

我叫穆罕默德·艾萨，出生在沙特阿拉伯东部省。当初也和许多年轻人一样，只想找个工作挣份“快钱”。可是没想到，自从加入中国石化胜利石油工程沙特分公司，一干就是十年。十年的工作经历，让我对工作、生活都有了全新的认识体验。

我发现，凡是要求我做的事情，中国同事总是带头先做到。他们还非常注重关心员工们生活，夏天为全队准备冰水，冬天准备棉服。每到周末，井队还会组织烧烤晚会。在这里，我结识了许多新朋友。工作之余，我们一起参加集体运动，一起踢足球，一起打排球；有时，我们一起唱阿拉伯语或中文的歌曲，也一起烹饪阿拉伯美食或中式美食。在这里，没有职位的高低，没有文化的隔阂，每个人都可以发表自己的意见，每个人的文化习俗都受到尊重。

在这里工作，平台经理不只关注员工现在能干什么，更关注将来能干什么。他总是鼓励大家多学习设备、操作方面的知识，不仅会安排队上的专业人员给我们授课，还主动为我们联系外出进修的机会。我从场地工干起，到钻工、副司钻、司钻，最后成为项目部首位自主培养出的沙特籍带班队长，十年来每一个岗位都是踏踏实实地走过来的。我不仅学会了技能，也学到了同现场各方人员打交道的方式，这对我来说都是非常宝贵的经验。

在这里工作久了，渐渐地，我对中国的认识也更加全面。中国不仅有悠久的传统文化，还是一个开放的、有现代气息的国度。中国人谦逊、勤劳，还非常善于学习，乐于接受新鲜事物。他们教会我很多东西，我们之间也有许多美妙而难忘的经历。他们就像我的亲人一样，在我最需要的时候给予我支持和鼓励。

十年前，我只是一个普通的沙特青年，十年后，我成为中国石化的优秀员工。这是中国石化给予我的最大的改变，也是我最珍贵的财富。

我把自己在中国石化工作十年的经历记录下来，分享给大家，衷心希望中国石化未来的发展会越来越好。我也愿意一直在这里工作下去，为它的发展继续贡献力量。

中国石化见证我的成长

哈特姆 / 口述
蒋振　周杨 / 整理

我叫哈特姆，是一名沙特籍安全官，目前在中国石化胜利石油工程沙特钻井项目部 SP160 队工作。从 2015 年初出茅庐的新人，到成为项目部首批沙特籍安全官，八年来，是中国石化见证了我的蜕变成长。

记得刚入职时，平台经理的三句忠告让我印象深刻：一是任何情况下都要遵循“安全第一”的原则；二是要融入集体中，学会团队合作；三是要努力学习，提高自身工作技能。

从那时起，我就用这三句话要求自己，在工作中尽职尽责，并努力提升自身能力，获得了很多宝贵的经验，得到了平台经理的认可。2018 年我被评为项目部年度最佳员工，并被邀请到中国进行访问学习。在中国，我参观了中国石化集团公司的总部，在中国石化的培训中心学习了井控、现场救护等实操课程。此次中国之行让我得以近距离了解中国石化，受益良多。

安全是现场钻井施工的根本保证。2020 年，我转岗从事现场安全管理工作。新的岗位对我的专业能力是一个极大的挑战。中方平台经理、安全官给了我莫大的帮助，跟着他们学习，我获得了丰富的现场管理经验和系统的安全管理知识。从安全助理，到见习安全官，再到合格的现场安全管理人员，全队上下见证了我一步一步的成长。非常感谢中国石化能够给予我宝贵的机会，让我能够不断地学习、挑战自我，实现自身价值。

在我的家人眼里，中国石化是一家负责任的国际公司，他们都为我能够成为其中的一员而感到非常骄傲。祝愿中国石化在沙特阿拉伯的明天更加美好，我也愿意为此奋斗，做到最好！

我在中国石化实现了人生价值

加格利亚 / 口述
杨红苏　李小强 / 整理

我叫加格利亚，来自沙特阿拉伯，现任中国石化中原石油工程沙特公司SINO-43队带班队长。

2006年，正值中原石油工程沙特市场快速发展阶段，当年合同钻机增加了8台，总规模达到17台。同一年，23岁的我顺利通过公司面试，满怀憧憬地来到了钻井队施工现场工作。

白天，我跟着中方老师学习操作技能和钻井基础知识；下班后，我就跑到其他沙特籍雇员的房间里，向他们请教现场遇到的各类问题。看到我的认真劲儿，平台经理对我大加赞赏。

仅用7个月，我就熟悉了现场作业流程，岗位也提升到井架工。要想在钻井队有更好的发展，就必须走上司钻这一重要岗位。于是，我沉下心来，踏踏实实地在岗位上锻炼自己。

天道酬勤，我的努力换来了收获。2008年，公司选派我去中国参加培训。在学习期间，我深刻地感受到中国发展的强劲动力，更加坚定了我为中国石化贡献力量的决心。在之后的工作中，我自我加压，利用业余时间学习石油工程知识，在岗位中加强实践操作锻炼，逐渐掌握了钻井工艺流程，熟悉了现场各类设备的操作技能及安全管控程序，安全经验逐渐丰富，英语水平也突飞猛进。

2017年，我取得了基础级、司钻级和监督级井控IADC证，如愿走上了司钻岗位。同时，我用自己的行为去影响和感染身边的每一名沙特籍员工。

一次甩油管作业，现场作业要求场地工与坡道的油管保持安全距离，当我发现一位场地工没有按照要求站位时，当即要求他退到安全距离外。下班后，我专门来到这名员工的房间，一开始他并不欢迎我，但当我给他讲解并演示了这种不安全行为可能带来的严重后果后，他的表情慢慢地发生了变化，最终对我表达了感谢。

还有一次，我妻子刚生产完毕，正在休假的我得知井队要进行一次长途搬迁，且道路情况比较复杂，怎么与当地的交通部门进行有效沟通成了难题。于是，我安顿好妻儿，赶赴现场参与搬迁，积极与当地交警部门沟通，最终那口井顺利完成了搬迁任务。

目前，我已担任了带班队长，在实现自己人生价值的同时，也为中国石化在沙特市场的发展贡献着自己的力量。近年来，中原石油工程沙特公司也实现了稳步发展，目前已拥有 33 台钻机，另有 3 台钻机正在启动中，达到历史最高水平，成为阿美公司最重要的陆上钻井承包商之一。中原石油工程沙特公司的快速发展，不仅带动了当地经济的繁荣，也提高和增加了当地员工的技能水平和就业机会。

我相信，在大家的共同努力下，中国石化将为推动“一带一路”沿线国家的互利共赢作出新的更大贡献。

五湖四海皆兄弟

玛尼坎丹 / 口述
崔震 / 整理

我是中国石化中原石油工程科威特公司 SINOPEC-920 队的井架工玛尼坎丹。2010 年我从印度来到科威特，加入中国石化钻井队伍，中国兄弟都亲切地叫我“玛尼”。

刚到井队时，我对钻井工作完全陌生，工作态度也不够端正。有一天，我没有完成设备保养任务就匆匆下班了，中国师傅默默地帮我完成了工作，让我感到十分愧疚。

中国师傅手把手传授我安全要领和业务技能，让我明白了师傅的良苦用心，师徒间多了理解和沟通。我主动观察和学习师傅和其他中国同事的闪光点，工作上学师傅的一板一眼，不允许一点马虎。经历了从不会到会、从陌生到打成一片的过程，我在井队里感受到了家的温暖。经过点滴积累，我从蹩脚的“洋徒弟”，成长为钻台上的得力干将。

2019 年起，公司鼓励外籍员工进步和升岗，推出了更多激励措施，我作为资历最老、经验最丰富的外籍员工，顺利通过公司的升岗考核，成为一名井架工。我独自攀登上 30 多米高的井架二层台进行起下钻操作，用精准熟练的操作赢得了大家赞许的目光。我特别珍惜中原石油工程给我的工作机会，也渴望学习进步，努力在 5 年内成为钻井队副司钻。

我在井队工作的磨砺中不断成长，对中国石化的认同感也不断增强，周边其他公司的钻井队看上了我娴熟的操作技能和工作热情，三番五次用高工资吸引我跳槽，都被我一一回绝。中国石化像一个大家庭，这里的人尊重我，有困难时帮助我。在我眼里，他们就是我的家人，我绝不会离开我的家人。

中国石化一直倡导有特色、有人情味的雇员管理，执行合理的倒班休假和工资奖金制度，实行定制化中方人员“一带一”帮扶，灵活奖励机制，定期对工作出色的雇员给予表彰。中外员工形成了兄弟般的情谊和工作默契，在这支来自五湖四海的队伍里，除了肤色、长相，中外员工没有分别。今年是中国石化成立 40 周年，我祝贺中国石化 40 岁生日快乐，我想一直在这里工作下去。

梦圆中国井队

哈萨 / 口述
马迪　林卫卫 / 整理

我叫哈萨，来自沙特哈费尔巴廷市的一个普通家庭，在大学学习电子技术，入职中国石化之前，在当地的一家银行从事计算机操作工作。虽说从事的是与自己所学专业十分对口的工作，但我心中一直有一个梦想——从事与石油石化相关的工作，并干出一番成绩。

2015 年，我通过招聘进入中国石化中原石油工程沙特公司，成为一名场地工。公司为每一名新入职的外籍员工安排了中国师傅，帮助我们快速熟悉工作，同时还派专人为我们做可口的饭菜。

能够从事自己喜欢的工作，我非常开心。我在工作中勤学好问，很快就崭露头角。经过考核，我从场地工成长为钻工，又从钻工成长为安全工程师助理。2018 年，因为表现优异，我被提拔为实习带班队长，是公司 1000 余名沙特籍员工中第一个被提拔为实习带班队长的员工。

“谢谢我的中国师傅。”这是我会说的为数不多的几句中国话之一。

SINO-47 队平台经理黄琦是我成为实习带班队长之后的中国师傅。从简单的钻具测量到井控设备的使用、维护，再到一口井的钻井设计，黄琦总是先给我讲解，再带我到现场进行教学。

不仅如此，黄琦经常为我进行心理疏导。一次，我因语言问题与员工沟通不畅而感到烦闷，黄琦就用自己的经验指导我开展工作，还鼓励我，期待我有新作为。

我在中国井队感受到家一般的温暖，并对黄琦的耐心指导感动不已。他告诉我，要不断增强业务能力，早日成为带班队长。

我从中方员工口中了解到，中国石化已在全球76个国家和地区开展国际化业务，并投身“一带一路”建设，与沿线30多个国家和地区广泛合作、共同发展，聘用了大量外籍员工，仅中原石油工程公司就已将业务拓展到亚洲、非洲的多个国家和地区。中原石油工程公司不仅通过导师带徒、技能培训等方式帮助外籍员工在工作中成长，而且在新冠肺炎疫情期间还通过开放健身室、举办文体活动等方式，丰富外籍员工的生活，让他们能安心工作。

受我影响，我的两个好朋友如今也入职了中国石化。在中国井队，我很自豪，是中国石化帮我圆了梦！

“Z 世代”的 Office Lady

莎拉 / 口述
孙森　杨光威 / 整理

“早上好，我昨天整理的那些简历是否符合这次的招聘要求？什么时候需要我组织面试？”每天早上八点，我都会准时跑进部门经理办公室迫不及待地开始新的工作。

我叫莎拉，是中国石化国际石油工程沙特分公司人力资源部的第一位“Z 世代”沙特籍女员工。几年前，正值沙特鼓励女性就业的时候，我经沙特劳工部推荐，来公司实习。当时公司业务发展，需要招聘大量新员工，于是接收了我这位人力资源管理本科毕业、不遮面、英语比阿拉伯语还流利的现代沙特女性。起初，有些人担心我是“花瓶”，但在随后的工作中，我证明了自己的工作能力和专业素养，并最终选择留在国工沙分工作。

我入职后不久，公司决定招聘八名沙特女性会计，为便于沟通和开展工作，收集简历的任务落在我的肩上。经理就收集简历的渠道、资质证书审核等事项进行了安排，并希望我能在一周内完成。接下来的几天里，我每天都会总结简历筛选过程中遇到的问题，并及时向部门经理沟通汇报。周末下班前，我从 800 份简历中精选出 20 份，交给部门经理。其中有 18 份都十分符合公司招聘要求。

经过近一年的工作，在参与了多次招聘后，我对于招聘整体流程游刃有余，从职场“小白”成长为一名合格的招聘专员。同时，随着我对中国企业的了解和认同感的不断加深，也越发认可中国产品，在积攒了足够的工资之后，我还购买了一辆中国产的轿车作为代步工具，也用着中国手机和家人同事交流沟通。同事们都说我是中国产品的“志愿代言人”，这的确属实，因为我真的会向每一位家人和朋友介绍并推荐中国石化和中国产品。

工作之余，我还会积极参加公司组织的各种跨文化活动，每个月的中外员工集体生日，我都会精心准备，给每位过生日的员工送上独具特色的生日贺卡。公司在利雅得和达兰组织的展会上都有我充当解说员和工作人员的身影。每年的春节联欢会和元宵活动，我也会在个人社交媒体上发布品尝到的中国美食。

听说有很多优秀的中国石化沙特籍员工曾经到中国参加培训学习，我也期待能有机会到中国去。为此，我会更加努力地做好本职工作。同时，我也将和中国石化一起帮助沙特实现自己的“2030 愿景”。

在挑战中成长，在交流中进步

安德莉亚·梅希亚 / 口述
高风　姜军伟 / 整理

我是安德莉亚·梅希亚，是厄瓜多尔人。2021 年是我在中国石化国际石油工程厄瓜多尔子公司的第 14 个年头。2007 年，我刚从大学毕业便加入国工厄瓜多尔子公司，担任人力资源助理；2011 年，我又成为了外籍人力资源经理。我学习的是劳动心理学专业，扎实的专业知识让我在人力资源工作方面得心应手。

然而，在中国石化这家中国公司工作，想要与同事顺利沟通，提高工作效率，英语能力是不可或缺的。中国古语云："春种一粒粟，秋收万颗子。"为了"秋天的丰收"，我自费出国进修了英语，并顺利完成学业，极大地提升了英语水平。

2014 年，为操作 I-L-Y 油田综合服务项目，在国工公司的筹备下，斑尼杜丽亚公司成立。学成归来的我重新被公司招聘为人力资源部经理，负责新公司组织架构组建、部门设置和人员招聘工作。面对艰巨的任务，我白天与同事商议各领域的岗位配置，晚上完善组织架构方案和人员岗位职责。终于按期完成了斑尼杜丽亚公司的组建，确保油田综合服务项目按期开工和平稳运行。这真是我职业生涯中最大的挑战，但也是我最引以为豪的成绩。

2016 年，遇到了一个同样无任何经验可借鉴的项目——TIPUTINI 钻完井总包服务项目。作为人力资源部经理，我负责项目组人员架构组建和招聘。我再次夜以继日地工作，和中方员工设计出合理的人员架构，并提前完成人员招聘，确保钻完井总包项目按期开工和平稳运行。正是在这一次又一次的挑战中，我的能力得到了磨炼与提升。

2018 年，我作为优秀员工代表，获得了去中国石化集团总部参观学习的机会。在这里，我更深入地了解中国石化的企业文化，也对中国文化深深着迷。更重要的是，我有机会和来自世界各地的中国石化同事交流工作经验，共同进步。返回厄瓜多尔后，我深感学无止境，便在工作之余继续攻读并完成了人力资源管理硕士的第四级学位。

2020 年 2 月，我得知自己将要成为一位母亲，这是我和家人期待已久的好消息。然而，不幸的是，新冠肺炎疫情席卷全球，大家都被迫居家办公，我和人力团队及时调整为网络办公模式，最大限度降低疫情影响，确保公司运行正常。为保证工作按时完成，我在自己的公寓中划出了专门的工作区，平安度过了孕期，并高质量完成了各项工作。

近日，公司传来喜讯，鉴于在厄瓜多尔国家石油公司 ITT 油田 ISHPINGO 区块的优秀项目管理和高效施工业绩，我们获得业主厄瓜多尔国家石油公司和总包方 CCDC 两家公司的表彰。表彰中，肯定了公司 SINOPEC185 钻井队、SINOPEC1011 钻完井液队和 SINOPEC1701 岩屑回注队的生产管理和专业水准，高度认可中国石化的品牌及服务能力。这令我激动不已，见证公司的发展是我最开心的事之一。

我爱中国，她美丽开放包容，中国的改革开放、“一带一路”倡议助力了包括厄瓜多尔在内的许多国家发展；我爱国工厄瓜多尔子公司，她关爱员工、热心公益、重视安全环保。我和公司一同成长进步，也将一起走向更美好的未来！

“只要还能工作，我就一直在这里干下去”

赵春国　宋民
韩贤军

“你看随钻测量仪器这样组装对吗？”盛夏7月，中国石化经纬公司胜利定向井公司墨西哥项目部E-2070DES井开钻前夕，一位身穿中国石化红色工装的墨西哥籍员工，正认真询问该公司国际工程部副主任廖少波。

他就是本土司机班科，因为爱吃麻婆豆腐，喜欢中国功夫，特别崇尚中国文化，与大家相处得相当融洽，所以被中国同事亲切地称为“老福”。

老福有着胖胖的身材、憨厚的表情，因为家里条件不好，很早就背井离乡去美国。他先是在建筑行业帮工，工作十分辛苦。随后，他改行干起出租车司机，但收入微薄，汇回家的钱少得可怜。后来家里人生病需要照顾，他便回国一边打工，一边慢慢攒钱。由于有英语和西班牙语的优势，他顺利应聘成为项目部的司机，从此与中国石化结缘，到现在已经十几年了。

老福性格直爽，爱交朋友。一次和廖少波聊天，廖少波随手教了他几个武术动作，老福顿时兴奋无比，连饭也顾不上吃，勤学苦练不说，还专门找来同事见证，要拜廖少波为师，学习正宗的“少林拳法”。

去年秋季，老福的妻子身患重疾，急需手术治疗，高额的费用让他愁眉不展。得知情况后，项目部积极组织员工献爱心，并帮助联系医院，让他的妻子尽快接受治疗，也让老福安心工作。关键时刻的“雪中送炭”让老福感受到了公司的温暖。老福紧紧握住项目部负责人的手说：“原来，中国人对我来说是陌生而遥远的。

来到项目部后，我不仅获得了稳定的工作和收入，而且收获了尊重和友谊，你们对我就像亲人一样。”

项目部驻扎在一个小村落里，由于新冠疫情，项目的员工们非必要不能外出，日常采购或进城办事等只能交给值班司机去做。而老福就是最让大家信任的那个。他从不怕麻烦，非常热情，同事们请他顺便跑腿办私事，比如购买食物、药品和日常用品等，他毫不推辞，总是办得又快又好。

老福责任心很强，非常热爱自己的工作。别的司机需要催促才去擦车，他从不需要。由于经常需要外出，他总是将工衣穿得整整齐齐，不管什么时候都把车擦得干干净净。他说：“开车出去，我代表的是中国石化，不能因为我影响了公司的形象。”

新冠肺炎疫情期间，墨西哥疫情防控形势严峻，由于人手紧张，项目部把大多数的外出工作都交给了老福。任务很繁杂，他的工作量剧增，外出办理的事情多，感染的风险也增加了，但老福还是笑眯眯地接下所有任务。“我一定不能带病毒回来。”每次出门，他认真执行外出防疫规定，对车内外充分消毒，穿戴好防护用品，注意与同事保持距离，安全、圆满地完成了各项任务。

老福除了干好司机的老本行，还主动学习其他业务。每当设备搬迁到新井场，他都主动联系接电、接水等工作，等这些工作完成后，他又去帮忙整理仪器房内的物品，为随钻测量仪器组装、测试等做好准备。一开始，他对现场工作不了解，就一边看一边学，还经常拿出笔记本做记录，询问关键的技术问题。就这样，他很快就成了大家口中“信得过的好助手”。

“这里跟别的公司不一样。项目部非常关心当地员工，这里有家的温暖。”老福说，“我给家人打电话，说已爱上了这里的工作。”

在墨西哥项目部工作十几年，老福与中国同事的感情与日俱增，他对项目部充满感激：“只要还能工作，我就一直在这里干下去。”

关键时候还是 SINOPEC 给力

阿卜杜拉·莫斯／口述
甄飞　李舒／整理

我是沙特基础工业公司项目管理团队的项目经理阿卜杜拉·莫斯。8 年前的一件往事，让我至今难忘。

2015 年 9 月 1 日下午 1 点，沙特阿拉伯国家甲醇公司正在进行检修工作，现场遭遇突发状况，需要紧急安排专业的设备安装工、脚手架工等配合抢修，如果不能及时修复，将造成巨大损失。

在一筹莫展的时候，我突然想到了中石化南京工程公司，在此前的几次停车作业时，他们都提前圆满完成了任务。于是我立刻拨通了南京工程公司聚甲醛项目部经理陈坤荣的电话。

当时正值设备安装高峰期，由于采购长周期设备的到货信息释放始终处于滞后的状态，导致项目部工作十分被动。对此，陈坤荣积极组织各部门落实现场情况，严抓技术、安全交底。与此同时，他给保温专业下达指令，要求两家保温单位在安全管理可控、工人休息充足的前提下，通过优化排班保证塔器在吊装前保温完毕。由于施工计划安排缜密、措施到位，项目团队在设备大干期间表现突出，接连啃下不少“硬骨头”，得到了我们的高度认可。

尽管他们项目的劳动力非常紧张，但陈经理还是爽快地答应了我的请求。这通电话缓解了我的焦虑，也让我非常感动。我原以为他会在干活之前跟我详谈条件，毕竟当时的情况紧急，但是他并没有这么做。

不得不说，中国石化的团队很专业，具备极强的执行力，在电话挂断后的 30 分钟内，他们就将抢修所需的设备机具、材料和 35 名专业工人师傅安排到了检修地点。现场分工明确、忙而不乱，各项工作衔接有序。这支临时组建的抢修团队连续鏖战 8 个多小时，安全、优质、高效地完成了抢修任务。

当他们收拾完最后一件工具的时候，已是满天星辰了，送到现场的盒饭还没顾得上吃一口。直到这时，我才听见有人说“饿了”。

事后，陈经理告诉我，“双赢是合作的最终目的”是他的工作理念。我想这也是我们共同的心愿。

在完成检修作业后，我第一时间和同事们分享了这个故事，大家都纷纷竖起了大拇指，“SINOPEC，HABIB！”的赞许声在我们办公室响成一片。

关键时候找 SINOPEC，我们放心。未来，我们的合作前景将更加广阔。

和中国石化一起披荆斩棘

杨仲维 / 口述
王倩 / 整理

我是越南代表处销售经理杨仲维，毕业于胡志明科学与社会大学中文语言系。2016 年刚加入中国石化时，润滑油对我来说是一个完全陌生的行业，目标客户跟我之前的大相径庭，但我将这视为一种挑战，也是一种机会。

然而，现实给我泼了冷水。在接下来的六个月里，我未能成交一位客户，那时的我感受到了巨大的压力，时常想到放弃。但在越南代表处领导与同事的引导和支持下，我成功度过了最困难的时期，也在这个过程中得到了切实的成长与进步。

我认为，销售员工的核心任务就是销量。2017 年，我的销售目标是 300 吨，这对我来说的确是个不小的数字，但已然经过一年磨炼的我并不担心。

在越南代表处经理的领导下，我扎根开发市场，拓展潜在客户。“功夫不负有心人”，我的努力终得回报，不仅成功开发了第一家工业油经销商（现越南南方最大的工业油经销商），还成功开发了三家发动机油经销商，这对我来说是一种莫大的鼓励，也让我对往后的工作充满信心。

一路拼搏一路收获。2018 年初，我凭借优异成绩获得中国石化“优秀外籍员工”的荣誉称号，这成为我最难忘的荣誉时刻。这是对我个人工作的认可，也成为我坚持这份事业的动力。

然而前方未知的困难正在逐步逼近。2018 年底，三家发动机油经销商因资金困难停止了合作，眼见 2019 年的任务目标岌岌可危，此时，中国政府推行“一带一路”倡议又让我看到了希望的曙光。我及时抓住机遇，重点开发中资企业，最终在工业油和船用油业务方面均取得了突破。

2020~2021 年，新冠肺炎病毒在全球肆虐，整个办事处的员工都认为这会严重影响到销量，可是没想到，每年销量增长竟超过 20%。到了 2022 年，新冠肺炎疫情影响逐渐减弱，我也改变了计划与目标，按照“全覆盖”策略，开始了轮胎行业的开发工作。从最初的赛轮轮胎到后来的金宇轮胎、岘港轮胎，再到 2023 年上半年的前进轮胎，我成功推进了与多家轮胎企业的合作，实现顺利供油。

2023 年是全球经济复苏的第一年，也是“一带一路”倡议提出十周年，我也接手了新的业务，面对新的考验、新的思考和新的压力，我将积极面对，抓住机会，提升自我，开拓市场。

在业务开展的过程中，我也逐渐形成了自己的工作模式。在渠道管理上，我划分出农业、海上（小渔船）与公路几个渠道类型，分别执行不同的开发策略；同时也会跨行业去开展渠道建设工作，加快了空白市场的开发。

如今，机器设备越来越复杂，客户要求越来越高，我只有不停地学习，提高专业能力，紧跟行业发展，才能满足终端客户需求。

随着“一带一路”倡议被越来越多的国家认可，中资企业在越投资也越来越多，这给中国石化润滑油带来了新的发展机遇。我相信，在公司与团队的不断努力下，未来中国石化润滑油会取得越来越高的市场份额，为更多领域的客户带去优质的润滑油产品。我将和中国石化一起披荆斩棘，让“中国石化”成为越南优质润滑油的代名词。

55 道焊口的故事

贾斯汀 · 拉梅什 / 口述
叶丽 / 整理

我叫贾斯汀 · 拉梅什，来自印度孟买。在海湾国家工作 15 年有余，6 年前，我有幸加入了中国石化，成为十建公司的一名探伤协调员。在这里，我得到了成长和进步，成为了更好的我。

从最初的十建公司科威特原油处理工程项目，到科威特 GC-32 工程项目，再到如今的沙特 Marjan 工程项目，我学到了很多专业知识，领导同事对待工作的严谨细致，让我受益匪浅。

探伤关系着工程建设的质量，海湾国家的工程建设项目有一套非常严谨的质量管理体系，在这里，是绝不允许任何缺陷存在的。从入职至今，我接受过数十次相关培训，在大家的帮助下，我的业务水平逐渐提升。

探伤协调工作在管道试压阶段因大量管道需要探伤而难度提升，如果探伤不及时，试压包无法释放，试压工作就会受影响。2017 年，在十建公司科威特原油处理工程项目中，由于施工高峰期管道焊接量大，当天需要探伤的焊口高达 55 道，我好不容易安排了探伤，却因为粗心，将最为重要、紧急的一条试压管线落下了。

当天临下班时，我又检查了一遍，发现遗漏安排的管道时我冒了一身冷汗。我的质量经理看出了我的紧张，耐心询问了具体情况，随后和我一起重新调整了探伤计划，并紧急联系探伤作业人员。一顿匆忙的操作后，最终将 55 道焊口妥善协调完毕。

当我们准备下班时，发现通勤车已经开走了。我和质量经理就一边交流工作心得，一边等待下一辆通勤车的到来。质量经理的耐心和应急能力，让我感受良多：正因为有这样的同事在，十建公司的工程建设质量才能一直保持优秀。

2018 年，科威特原油处理工程项目获得业主 KOC（科威特国家石油公司）颁发的“质量优胜奖”，作为参与工程的一份子，我很自豪地感受到自己的付出得到了肯定。

让我感动和难忘的还有一件事。那是在 2017 年 10 月，我的亲人去世了，悲痛万分的我需要立即回国。十建公司项目领导知道了我的情况，主动帮我安排好机票及接送机，让我在第一时间回到印度处理家人后事。十建公司对员工的关爱和包容让我感激不已。

在沙特 Marjan 工程项目部，从探伤申请到探伤作业，最后到探伤结果出来，整个过程都由我来统一协调管理。沙特阿美公司是公认的世界上工程建设质量管理最严格的业主之一，我希望努力掌握专业知识，成为获得阿美批准的正式质检员，为中国石化的国际经营、十建公司的工程建设质量提升贡献自己的微薄之力，也帮助我的家人过上更加幸福美好的生活。

“一带一路”成就我的“科威特梦”

穆巴拉克·拉希德／口述
杨红苏　崔震／整理

我是中国石化中原石油工程科威特公司 SP-981 队的科威特籍员工穆巴拉克·拉希德。从小我就知道科威特有一眼望不尽的荒漠，下面埋藏着丰富的石油资源。中国石化的到来，让这里的“荒漠油田”成为了“锦绣良田”。

20 岁大学毕业后，我加入了中原石油工程科威特公司。在这里人人平等、互助友爱。在井队，我的中国师傅问起我的梦想，我回答说：“我要学好石油技术，成为科威特能源领域的专家。”

看到我坚定的眼神，中国师傅说：“中国石化一定会帮你实现‘科威特梦’。中国人心中也有一个‘中国梦’，因为我们有追求、有梦想，才肯选择坚守单调与荒芜。作为石油兄弟，我们要并肩作战！”他的话语增添了我奋斗的信心。

工作中，中国师傅耐心地指导我操作钻台设备，告诉我搬迁时的安全注意事项，还告诉我如何快速穿戴呼吸器。有一次井队搬迁过程中，我在安装管线时遇到了困难，情急之下忘记了下班时间，师傅打着手电筒找到了沮丧的我，在宿舍里为我煮了从中国带来的挂面。那似乎是我人生中最香的一顿饭，身体的疲惫、心情的急躁在那一刻被治愈了。我试着学习师傅沉着冷静、忙而不乱的心态，在遇到困难时主动寻求解决办法。中国同事们表扬我，说我干活儿的样子像一名“老师傅”。

12 年过去了，我从青涩懵懂的少年成长为一名合格的国际石油钻井技术人员。有了中国石化给予的稳定收入，我娶妻生子，建立起美满家庭，慢慢实现了我的“科威特梦”。

SP-981 队于 2016 年首次进入科威特，凭借在安全生产、绿色环保、人才培养等方面优良业绩，原本 5 年的施工合同被科威特石油公司（KOC）延期到了 8 年。2023 年 5 月，SP-981 队被 KOC 选中，成为首支进入科威特北部自然保护区施工的井队。

自然保护区限制开放时间，我们白班人员每天早上从主营地出发，乘车进入自然保护区施工，下午 5 点由夜班人员接替工作。每天与野生骆驼、鹰隼和椰枣树林为伴。在科威特夏季 60 多摄氏度的极端天气下，中国人顶着烈日风沙默默拼搏，我们科威特籍员工也不甘示弱，积极投入工作中，共同建设自己的美丽家园。

中国石化积极参与“一带一路”建设，不仅帮我实现了“科威特梦”，更助力了科威特石油事业的发展，为科威特经济发展注入了新动力。我相信，未来中国与世界各国的合作和交流将更加紧密，共同推动全球的发展和繁荣。

第 4 篇

企业责任
共建睦邻邦交

吉布提引来“幸福之水”

胡一峰
门达·泽克莱

在阿法尔语中，吉布提的意思是“沸腾的蒸锅”。当地终年炎热少雨，淡水资源非常紧缺。人均可循环利用的水资源总量仅为 353.4 立方米 / 年，在所有东非国家中最低，也低于 500 立方米 / 年的国际极度缺水标准。因此，吉布提共和国是世界上缺水最严重的国家之一。

吉布提人对清洁饮用水的渴望非常强烈，政府对此也十分重视，一直在想办法寻找水源，但始终未能成功。

直到 2017 年，由埃塞俄比亚、吉布提及中国三国合作推进的埃塞俄比亚－吉布提跨境供水项目完成，吉布提严重缺水的状况终于得到了缓解。

跨境供水从构想走向现实

吉布提共和国位于非洲东北部亚丁湾西岸，北与厄立特里亚为邻，西部、西南及南部与埃塞俄比亚毗连，东南同索马里接壤，全国 90% 的土地都是戈壁荒漠。倘若从首都吉布提市驱车往西，沿途尽是覆盖着黑灰的岩石，只有稀疏的骆驼刺在砾石间顽强生长。

吉布提境内没有一条常年流水的河流，老百姓的饮用水 95% 以上为地下水。由于受海水侵蚀，这些水含盐量高、硬度高，因此，当地老百姓极易患上肠道疾病、心血管疾病和结石症。然而，即便这样的水也不是随处都能喝到的。很多住在吉布提市郊的人每天都要骑着骆驼跋涉 30 公里到水站取水，往返一趟需要大半天的时间。

改变的希望悄悄萌发于吉布提财政部和中国中地海外公司的共同构想中——在号称“东非水塔”的埃塞俄比亚寻找水源，跨境输送到吉布提。构想一经提出，吉布提就积极与埃塞俄比亚和中地海外公司沟通并签订了协议。埃塞俄比亚支持吉布提政府启动跨境供水项目，并承诺为吉布提免费提供 30 年地下水资源。中地海外公司派出专业团队进入埃塞俄比亚索马里州的库伦河谷地区深入考察，确定了建设方案。在三方的共同努力下，跨境供水逐步从构想走向现实。

“沸腾的蒸锅”不再焦渴

跨境供水的愿景虽然美好，但真正实现起来仍有很多意想不到的困难。

2017 年 4 月的一天，早上 8 点，跨境供水项目经理杨波准时来到工作岗位上。他的心情激动又紧张，因为他马上要开始一场重要的“考试”——即将竣工的供水项目从这一天起就要进行全线冲洗和通水测试。这场“考试”的成败关系到吉布提民众能否用上清洁的水。

杨波把 300 多公里的运水管线划分为若干段，逐段进行供水、试压、冲洗、消毒。在连续几个小时保持水质清澈后，一段管线才算冲洗干净，允许流入下一段管线。仅从井区到库伦泵站的第一段管线，就持续清洗了近 2 天。

那段日子里，杨波的工作时间基本都是早 8 点到次日凌晨。每一天，杨波都盯着地图上标注的水头沿着管线一段一段地向前移动，兴奋而忐忑地等待着每隔 30 分钟就会响起的消息提示音——那是工作群里各岗位上的值班人员在例行汇报水头到达的位置、管线冲洗的情况和管线的安全状态！

那年 5 月，吉布提令人意外地下了一场暴雨，将位于阿尔塔镇内尚未进行加固处理的 2 公里主管道全部冲毁。当时，水头已经接近埃塞俄比亚和吉布提边境，为确保全线测试连续不间断、保障原定于 6 月中旬的通水仪式按期举行，杨波紧急调派三个管道施工班组，轮流施工、挑灯夜战，人换机不停。经过连续三天的抢修，他们成功地更换了全部管道，如期完成了工作任务。

“埃塞俄比亚地势起伏，输水线路需要翻越几处高地。要把水从低处引向高处，这是极具难度的。在中国公司承接这个项目之前，我不相信有人能够完成。”施工初期，在吉布提海关工作了 30 年的布里提曾这样忧心忡忡地说道。

事实证明，他的担忧不无道理。从项目正式启动到全线通水并正式移交，800 多个日日夜夜，项目团队一直在烈日黄沙中和时间赛跑。300 多公里的管线，三级提升、五级降压，如此高的管内压力，管材制造、运输、仓储、安装，任何一个环节出现问题，都可能前功尽弃。

但是，这些都难不倒、吓不住中地海外公司的施工人员。他们突破思维定式，采取多种安全、可行、经济的方法，以过硬的施工技术和杰出的施工质量，让吉布提民众心心念念的“幸福之水”按时送到了目的地。

2017 年 6 月，吉布提阿里萨比镇天气晴朗，数百人盛装出席了在那里举行的跨境供水项目通水仪式。他们围绕在水龙头周围，用非洲大陆独有的韵律与节拍尽情欢唱。

吉布提总统盖莱发表了讲话，他赞扬了中国和埃塞俄比亚两国为吉布提国计民生作出的伟大贡献，并邀请两国驻吉布提大使及一众政府官员、国际友人走到水龙头前。盖莱总统打开水龙头，一泓清水喷涌而出。他露出了满意的微笑。这是历史性的一刻！

在供应吉布提城镇居民的日常用水后，项目组还陆续为多家当地企业提供水源，促进了吉布提经济的发展。

“打造地区性的航运和商业中心，步入中等收入国家行列”，这是吉布提的“2035 年愿景”。有了供水工程的支持，“沸腾的蒸锅”不再焦渴，国家发展画卷徐徐展开，“2035 年愿景”正一步步转化为现实。

跨越国界的情谊

埃塞俄比亚号称“东非水塔”，境内湖泊众多。但因为缺少技术支持，要把这些看起来触手可及的“水”真正利用起来，并非易事。即便是在地势低洼、地下水丰富的库伦地区，老百姓用水也很不方便。为此，项目团队特意在供水管道的埃塞俄比亚段设置了 4 个取水点，为当地居民提供便利。

住在达瓦雷镇的哈瓦就是受益者之一。

达瓦雷镇位于埃塞俄比亚和吉布提的边境，这里的戈壁绵延几十公里。世代在这里居住的人们，已经习惯了赶着驴子，长途跋涉去取水，供给人和牲畜的日常饮用。自从项目团队在达瓦雷开设了取水点后，哈瓦再也不用为运水发愁了。

跨境供水项目还改变了很多……

埃塞俄比亚小伙子哈桑以前靠放牧为生，逐水草而居。过去，如果要种庄稼，只能依靠雨水。在雨季可以种一点玉米，旱季就什么都种不了。现在，他可以从泵站引水了。于是，哈桑和六个小伙伴办了个小农场。上半年种西瓜，下半年种洋葱，收入显著提高。

哈桑觉得，正是因为有了水，他的生活才出现了奇迹。

在埃塞俄比亚取水点的周边地区，每天都在发生"哈桑式的奇迹"这类动人的故事。

为邻国人民提供水源，也让埃塞俄比亚人民成了项目的受益者。这真是印证了那句古训——授人玫瑰，手有余香！

在埃塞俄比亚索马里州的蚂蚁山上，海拔 970 多米处，有一座 5000 立方米的圆形水池，这是跨境供水项目全线的最高点。来自水源地的水从这里流过埃塞俄比亚，再流向吉布提百姓家中。

这是"幸福之水"，她润泽了干涸的土地，润泽了埃塞俄比亚和吉布提人民的心田。这也是"希望之水"，她承载着两国人民对未来安定、富足的美好生活的向往。这更是"友谊之水"，她把中国、吉布提、埃塞俄比亚三个有着不同肤色、不同语言、不同文化的国家人民的心紧紧连在一起，展现了他们实现共同发展的决心！

我与中国石化的不解之缘

萨布丽娜 / 口述
姜春辉 / 整理

我叫萨布丽娜，今年 34 岁，2012 年加入了中国石化国勘阿尔及利亚公司。

2010 年，我到北京语言大学留学，学习了两年中文。返回阿尔及利亚后，因为语言优势，有幸加入了中国石化，从此与中国、与中国石化结下不解之缘。

我很喜欢国勘阿尔及利亚公司，这里工作环境好，中阿同事关系融洽，身为女性能感受到平等和尊重。对我来说，在多元文化环境中工作，是我人生中一段独特且富有意义的经历，也让我内心充满成就感和自豪感。

作为行政人员，我的主要工作是安排和协调公司各类事务，其中，最让我有成就感的工作是开展社会公益项目和跨文化交流活动。

中国石化每年都会在阿尔及利亚开展公益项目。我们会为社区青少年足球队提供支持，助力青少年实现足球梦想；我们向撒哈拉沙漠里的学校捐赠空调，让孩子们在更凉爽舒适的环境下学习。2022 年，我在对社区的调查中发现一所学校急需教学用品，于是和同事一起商讨方案、走访调研，及时为孩子们送去了教具和书本。孩子们很高兴，他们穿着中国的旗袍，唱着中文歌向我们表达感谢。那一刻，我十分感动，感到自己的努力和奔波是如此有价值。

此外，我在工作中还经常扮演“跨文化使者”的角色。在中国学习的两年里，我爱上了中国传统文化，我会写书法、剪窗花。我想把中国文化知识分享给身边更多的阿尔及利亚人，因此，经常参与组织跨文化活动，每逢中国传统节日，我会同中国同事一起过节，也会录制视频向世界各地的中国石化同事送上祝福。

2018 年，公司派我去北京参加跨文化培训。在那里，我不仅学到了中国企业管理知识，而且有机会与不同文化背景的同事交流跨文化管理经验，这对我的工作有很大帮助，希望以后有机会再去中国学习。

2023 年是中国石化成立 40 周年，也是我在中国石化工作的第 11 年。中国石化不仅帮我增长了知识、提升了能力，也使我找到了人生价值。在中国石化 40 岁生日之际，我衷心希望中阿两国会有更深层次的合作，希望中国石化在科技创新、生态环保、社会责任、文化交流等方面再创佳绩！祝福中国石化！

期待中国石化越来越好

大卫·咖基·杜阿提 / 口述
杨森　宁波 / 整理

我的名字叫大卫·咖基·杜阿提，是中国石化石油工程建设公司肯尼亚基西郡道路施工项目中的一名司机。

我在中国石化工作已经 16 年了，从 2007 年中国援建肯雅塔机场至首都市政道路项目，到西卡高速公路建设项目、C68 公路建设项目、RWC111 乡村道路建设项目、RWC103 乡村道路建设项目，再到现在的 RWC287/290 乡村道路建设项目，我一路见证着中国石化对我们的帮助。

援建市政道路项目那年我 37 岁，现在已经 53 岁了。在中国石化工作的 16 年里，我的技术和经验得到不断提升和积累，工资水平也不断提高。工作收入让我有能力照顾妻子和家里的 4 个孩子。现在孩子们都已成年，并有了工作、成立了家庭，我也可以更安心地工作，为公司工作到 60 岁。

最开始，我刚参加援建市政道路项目的工作时，并没有觉得中国石化和别的公司有多大区别，只是觉得与中方员工合得来，而且公司离家近，可以随时照顾妻子和年幼的孩子。工作了一段时间后，我发现中国石化对待员工特别好，不仅按时发放工资，还及时为我们缴纳各种保险和提供住房补贴、交通补贴等，让我们减小了很多生活压力。近几年，公司在肯尼亚项目的规模越来越大，我的生活也随着中国石化的发展变得越来越好。

记得 2011 年 10 月西卡高速公路建设时，妻子打电话说孩子得了急性阑尾炎，由于无法支付高昂的手术费，我只得将情况告诉了中方项目经理。得知我的困难后，公司立即帮助我申请了工资预支手续，并替我担保，缴纳了费用，让孩子及时做了手术。这件事始终是我内心深处最感动的回忆。

今年 6 月 1 日肯尼亚独立日假期时，我回家过节，大儿子说他也想来中国石化工作。他自职业学院毕业后，做了两年挖掘机操作手。我告诉他，想到中国石化工作就必须掌握过硬的操作技能。

多年来，中国石化帮助肯尼亚进行基础设施建设，解决就业问题，教授当地员工技术，并且帮助周边村镇维修道路、安装饮用水管道。我们的政府和人民对中国石化越来越信任，我也期待着中国石化和我的生活一起越来越好。

“搓板路”变坦途

宁波

“车速 80 迈，又快又稳！”

年过 50 岁的公交司机丹尼尔在肯尼亚穆兰卡郡乡村的“搓板路”公交线上工作了几十年，坑坑洼洼的烂路“都快把他的腰震断了”。现在行驶在刚刚竣工通车的 RWC103 乡村道路上，丹尼尔赞不绝口。

5 月 12 日，由中国石化石油工程建设公司胜利建工公司修建的 RWC103 乡村道路顺利通过了肯尼亚乡村道路管理局验收组的终期验收。验收结束后，组长基图易说道：“中国石化在肯尼亚修建道路十几年，施工业绩在业内早已树立了良好口碑。你们施工，我们放心！”

肯尼亚 RWC103 乡村道路项目是肯尼亚乡村道路管理局“一万公里乡村道路改造项目”中的一个标段，位于肯尼亚中部的穆兰卡郡、涅里郡境内，距首都内罗毕 150 公里，合同段总长 46 公里。该项目地处山区丘陵地带，地势险峻、运输不便，施工难度大。

该公司施工期间克服新冠肺炎疫情频发、雨季施工、物资匮乏、地理环境恶劣等重重困难，组织当地雇员开展劳动竞赛活动，掀起了施工热潮，屡屡刷新施工纪录。

RWC103 乡村道路通车后，附近的土地开始升值，农作物变得畅销，红茶、咖啡、鲜花可以顺利运输到首都或者港口城市。茶农卡曼高兴地说："为了卖茶叶，我从小就被茶篓压弯了腰，现在坐在自己家门口就可以卖茶，收入也提高了不少！"

从2007年的内罗毕市政道路，到当时的东非第一路"西卡高速公路"，再到现在的乡村道路，胜利建工公司已经在肯尼亚修筑了11条道路，累计568公里，为当地村民提供了8800个就业岗位，以及专业技能培训平台。

已经在胜利建工公司肯尼亚项目部工作13年的当地雇员戴维德说："在中国石化工作让我有能力供女儿上大学，也让我成为在家乡受尊敬的人，我感到非常自豪！"

在沙特搭建起一座民生桥

杨森　王尧东　李松

2019 年 4 月，由中国石化石油工程建设公司中原建工公司承建的沙特哥尼姆桥梁项目主桥全线正式通车，受到了当地民众的好评。沙特阿西尔省王子也来到通车仪式现场为中国施工队伍点赞。

“以前在通勤高峰时段路过这个地段要排队两个多小时，新修好的桥是双向六车道，现在通过这里仅需要 40 分钟。中国公司在沙特做过的这类好事不胜枚举，希望到处都能修建这样好的路桥。”当地退休律师哈桑说。

哈桑的家就在哥尼姆桥现场的西南一隅，3 年来亲眼见证了哥尼姆桥梁拔地而起的全过程。他说，中国公司在施工过程中始终没有切断交通，而是采取主桥和辅路分段施工的方式，保证了居民的正常出行。“快看那边，中国施工队伍真棒！”接受采访时，哈桑指着不远处的大桥说道。

自 2008 年进入沙特市场以来，中原建工公司的队伍不断扩大，由最初的几人发展到如今的上百人。他们始终秉承“安全施工，质量第一”的施工理念，用优质的管理和服务，向国际石油同行展示中国基建速度，在中东市场树起了中国石化的“金字招牌”。

该公司先后在沙特承揽了奥马尔及阿卜杜拉通道，巴哈斯、费沙尔及 28 号街桥梁等十余个国家级重点工程。在自身市场份额不断扩大、经济效益不断提升的过程中，中原建工公司借力“一带一路”倡议，秉承“服务当地、回馈当地”的建设思路，积极造福当地人民。

“哥尼姆桥梁工程项目直接提供就业岗位500多个，间接创造就业岗位近1000个，这些工程为当地供货商等中小型企业带来了合同，为私营产业带来了商机。”该桥所在地阿西尔省省长瓦利德说。

目前，哥尼姆桥梁工程已经被当作带动沙特当地经济腾飞的一把金钥匙。“这些基建项目陆续完工后，将形成一个新的经济走廊。我们想要打造海米斯和艾卜哈的双城经济体，哥尼姆桥就是纽带，它是两座城市互联互通的重要保障，将极大地便利这一地区人们的出行，丰富他们的生活，”沙特阿西尔省王子图尔奇宾塔拉表示，“重要性是不言而喻的，这些路桥工程将成为带动区域经济发展的旗舰项目。”

除为当地人提供就业岗位外，该公司还与当地超过40家供货商、劳务租赁公司合作，涵盖材料、食品、物流、广告等多个领域。项目在给他们带来丰厚订单的同时，还推动他们不断提升自身生产与安全技术标准，这些中小企业的竞争力在潜移默化中得到逐步提升。

“中国石化的安全技术标准非常严格，对司机素养、车辆维护与检修、驾驶纪律等都有明文要求。在他们的建议下，我们为每一台租赁用车配备了行车记录仪和备胎。3年多的合作提升了我们公司的管理水平和竞争力。无论将来与哪个工程项目合作，相信我们都能胜任。”当地租赁公司的老板萨义德充满自信地说。

友谊地久天长

路易斯·安古塔·巴内加斯 / 口述
李进学 / 整理

我叫路易斯·安古塔·巴内加斯，是西班牙 TR 公司新加坡炼化一体化工程项目部的现场经理。2023 年，我们公司的合作伙伴中国石化迎来了 40 岁生日，祝贺中国石化 40 周岁生日快乐！

西班牙 TR 公司与中国石化下属多个企业有过合作。我们和中国石化五建公司的合作始于 2006 年，那一年我们一起启动了沙特拉比格千万吨级炼油项目，在我们的共同努力下，该项目最终得以高标准建成。

从沙特到科威特再到新加坡，我们和五建公司共同完成了 8 个项目，另有 2 个项目正在实施。我们创造了辉煌的业绩，取得了丰硕的成果，也见证了中国石化在国际工程建设领域的不断发展壮大。

在与中国石化的合作中，让我印象最为深刻的是中东地区最大炼厂——科威特阿祖尔炼厂 3150 万吨 / 年炼油项目。该项目规模大、建设难度大，再加上科威特夏季高温炎热天气给现场施工带来的安全风险，对我们而言是一次空前的挑战。

2018 年和 2019 年的夏季夜间作业是我当时最为担心的——6 个月里，7000 多人同时在现场施工，安全风险之高可想而知。但凭借严谨细致的管理，我们共同克服了各种困难，项目建设过程中没有发生一起安全事故。我至今想起来都觉得很不容易。

在项目建设过程中，五建公司积极履行社会责任。他们从印度、巴基斯坦、尼泊尔、越南、菲律宾、埃塞俄比亚等国家招聘员工，提供了至少3万个工作岗位。同时，他们还积极开展公益活动。在新加坡开展了“绿色环保行动日”活动，组织员工到海边捡垃圾，还在沙特开展了植树活动。尤其在2020年，科威特新冠肺炎疫情暴发，在得知当地政府有意征用五建公司科威特项目的营地建方舱医院后，五建公司的工作人员主动从营地搬出，并协助建设方舱医院，这一举动受到了当地民众的高度赞扬。

同样在2020年，当欧洲疫情处于高峰期、人人自危的时候，我们在西班牙的公司总部收到了五建公司寄来的1.08万只口罩。这份饱含情谊的抗疫物资，让我们感受到了温暖，体现了同舟共济、共渡难关的深厚情谊，展现了中国人民与西班牙人民的团结友爱。我们专门给五建公司发去了感谢信，感谢他们对我们的帮助。相信未来西班牙TR公司与中国石化的合作将得到进一步加强。

目前，我们与五建公司合作建设的沙特马赞天然气处理项目、新加坡炼化一体化工程项目正有序推进、高效实施。相信在我们双方的共同努力下，这两个项目一定会取得成功，为我们的合作再添上浓墨重彩的一笔。

衷心祝愿中国石化与西班牙TR公司友谊地久天长！

做非洲人民的好朋友

曹海峰

“中国朋友给我们村修了三个取水点，再也不用长途跋涉几个小时去取水了！”在塞内加尔西部久尔贝勒大区，村民姆巴凯如今在家门口就能用上干净的饮用水，难掩喜悦之情。这样的变化，得益于新星公司中地海外公司承建的塞内加尔乡村打井供水基础设施建设工程。

中地海外公司是由中国石化新星公司等多方共同出资组建的混合所有制企业。长期以来，该公司扎根非洲市场，推进属地化经营，经营领域已从单一的工程建设，发展为咨询规划、投资运营、海外基础设施建设、物流贸易等四大业务领域，覆盖近30个国家和地区，占整个非洲国家和地区的半数以上。在非洲，他们承建了打井供水、公路、桥梁等多项基础设施建设工程，开展了农业技术培训，努力打造高品质民生工程，和非洲人民建立了深厚的友谊。

打井供水，解决民生之苦

除热带疾病外，缺水是非洲人民面临的最大挑战。近年来，中地海外公司积极发挥工程建设专长，努力帮助非洲人民解决饮水难题。

仅在塞内加尔，该公司就累计建设集中供水点978处、水车取水点169处、牲畜饮水槽193处，涉及塞内加尔14个大区中的12个，为当地农业和畜牧业提供了水源保障。自2019年乡村打井供水基础设施建设工程完工投入运营以来，系列项目的实施有效解决了塞内加尔200余万名当地民众吃水用水问题。

2021 年 7 月 15 日，该公司承建的尼日利亚卡齐纳州 Zobe 水厂项目投产，可向距离水厂 60 多公里的卡齐纳城及沿线村镇近 100 万名居民提供清洁用水，帮助解决当地家庭、农场和企业用水难的问题。尼日利亚总统布哈里专程出席投产仪式并致辞，对水厂项目质量表示高度认可。尼日利亚水资源部部长阿达穆对该公司表达谢意："非常感谢中地海外公司对尼日利亚在供水工程等方面的支持！"

修筑道路，助力城市建设

进入非洲以来，中地海外公司参与了公路、桥梁、房建、大坝等多项基础设施建设工程。

2022 年 2 月 28 日，该公司承建的喀麦隆雅温得－巴富桑姆－巴巴朱公路第一标段 63.75 公里道路改造工程项目圆满完成。项目施工路段所在的 4 号国道，是喀麦隆首都雅温得往返西部大区首府巴富桑姆市的唯一道路，该路段的建成极大缩短了物资运输时间，方便了当地民众出行，同时可服务周边地区开发，带动沿线经济发展，对推动城市化进程具有积极意义。

道路施工过程中，该公司克服新冠肺炎疫情等困难，高质量完成了主线道路、4 个城市 14 公里市政道路、沿线排水设施、标志标线等工程施工。在业主方喀麦隆公共工程部和相关部委组织的临时验收中，政府官员充分肯定了道路工程质量。该公司通过一个又一个高品质民生项目，成了非洲人民的好朋友、老朋友。

推广农技，充实百姓"钱袋子"

在推动基础设施建设的同时，中地海外公司还开展种子种苗研发生产、农业工程、农业咨询等业务，推广先进农业技术和理念，加强对非洲当地民众的指导和培训，为解决贫困问题发挥了积极作用。

在布基纳法索，该公司结合当地实际，开展农作物种植示范技术援助项目，联合我国国内种植领域专家，成立项目组，组织开展相关培训。培训内容涵盖育种、栽培、植保、农业机械使用、肥料使用、农业管理等方面，让布基纳法索的农业技术人员、管理人员和种植户学懂学会先进又实用的农业技术并将其推广应用。

受培训带动，2020 年，布基纳法索种植项目组推广谷子良种种植近 1000 公顷，生产良种超 2000 吨，为该国增产粮食 20 万吨，帮助谷子种植区的农户增产增收。

育种基地附近的农户伊利沙，年底算了一笔账：他家拿出 1.2 公顷地种植项目组推广的谷子良种，单产从 0.65 吨 / 公顷提高到 2.8 吨 / 公顷，多收了 2.58 吨谷子良种，多收入了 300 多万西非法郎（相当于人民币 3 万余元）。他因此翻修了家里的房子，还新买了摩托车。

“米小乾坤大，时短情谊长。万里不辞苦，热土奏华章。”援布项目组的出色工作，得到了中国前驻布基纳法索大使李健的赋诗称赞。积极投身中非合作事业，做中非友谊的使者，中地海外公司在非洲演绎着一个又一个精彩故事。

“感谢中国石化让我们喝上放心水”

栗若琳　张田嵩

喀麦隆位于非洲中西部，海岸线长 354 公里。该国著名的旅游度假胜地布埃亚，因熔岩和火山灰形成的黑色沙滩而闻名于世。然而，在这片巧克力色的沙滩之上，当地居民却因城市发展和人口数量增长，以及缺少可靠的供水系统，长期面临着严重的缺水问题。

为了帮助当地社区改善供水条件，助力当地居民喝上放心水，中国石化国勘喀麦隆公司积极践行企业社会责任，主导开展了两个社会公益项目，在当地挖掘了两口水井，并帮助 Lower Bokoko 社区扩建水利基础设施，上万名居民因此受益。

在水井正式投入使用的项目启动仪式上，喀麦隆政府官员、国勘喀麦隆公司代表和当地居民共同见证了这一历史性时刻。国勘喀麦隆公司代表说：“为社区居民创造更加美好的生活，一直是我们的理想和追求，也是公司践行企业社会责任的承诺。水是生命之源，我们很高兴能为 Lower Bokoko 及周边地区的人们带来更高品质、更洁净的水源。”

当地社区代表感谢国勘喀麦隆公司为社区提供饮用水，帮助解决了居民长期以来的缺水难题。社区负责人马丁·恩肯古表示：“社区一直希望扩建水利项目，而中国石化的帮助让我们的愿望成为现实，非常感谢中国石化的支持，这将极大改善社区居民的生活条件。”布埃亚市助理行政官员维奥莱特·阿坦加纳称，“中国石化资助水利项目的举动值得称赞”，并倡导居民加入项目的后续维护和保养工作。

社区代表还向该公司赠送了一件头顶水罐的青铜人像，表达对援助的感激之情。

启动仪式现场，十多名居民聚集在国勘喀麦隆公司修建的供水设施旁。看到双头立式水龙头源源不断地流出洁净的水，他们露出了开心的笑容。当地居民说：“以前必须长途跋涉才能打到饮用水，现在打开家门口的水龙头就有了。感谢中国石化让我们喝上放心水。”一位老人高兴地说：“今天真是令人非常兴奋的一天。我们过去饱受缺水困扰，常常连续三四天打不到水喝，得到很远的公共水龙头打水，如果没有水还得去找另一个公共水龙头，而今天我们的困难因为中国石化的帮助而彻底解决了。”

由于当地人习惯饮用生水，如果食用或饮用了受污染的食物或水，可能会感染霍乱、伤寒、痢疾等传染性疾病。扩建水利设施不仅能解决水资源短缺问题，而且有助于改善当地居民的健康状况。国勘喀麦隆公司代表介绍称：“通过调查，我们得知当地居民面临着缺少洁净水源的问题，加之喀麦隆西南部地区曾出现霍乱，许多人的健康受到影响。因此，我们决定开展水利扩建项目，以缓解当地水资源短缺问题，并帮助改善当地居民的健康状况，减少疾病的发生和传播。”

如今，当地的水库和水龙头都已建好，清澈洁净的水正源源不断地流淌，为当地居民送去清凉和甘甜。

多年来，国勘喀麦隆公司积极与当地政府和社区合作，支持民生项目，帮助当地改善医疗、教育和环境状况，共同推动喀麦隆经济、社会和生态环境的可持续发展，为当地带去许多便利，提高了当地居民的生活水平。

在非洲，三个“不再愁”的故事

徐健

熏制鱼干不再愁

“眼睛、鼻子好受了，身上不会留下难闻的味道，穿着好看的衣服熏制鱼干也不怕弄脏了。”在加蓬共和国里奥德尔雷伊海洋区域，靠熏制鱼干谋生的居民对中国石化国勘加蓬公司提供的新技术和新设备赞不绝口。

鱼干是喀麦隆传统食品的主要制作材料之一，其熏制过程需要消耗大量红木材，过去十年里，当地居民为了获取红木材而过度砍伐红树林，对当地生物多样性造成了严重危害。同时，熏制鱼干的过程还易引发呼吸道疾病，损害工人的面部肌肤。位于当地的中国石化国勘加蓬公司长期与当地社区保持友好和谐的关系，并下决心帮助居民摆脱困境。

该公司投资建造了远离生活区的熏制烟室，购置了太阳能熏鱼器，向居民展示通过清洁能源熏制的鱼干更卫生、熏制过程更便捷。一开始，有的居民不接受使用新的器具，公司员工就帮助他们改造传统熏炉，并为熏鱼工人提供保护眼镜和面罩。他们还为居民讲解晒鱼和贮存技术，指导他们使用、维护、保养太阳能熏鱼器，劝阻他们燃烧潮湿的木材或塑料。为了修复环境，该公司出资设立树苗种植项目，在当地社区种植 1500 棵树，还向海边移植了 750 棵红树苗。

居民看病不再愁

在加蓬共和国的另一端，曼吉·恩多拉省的乡镇人民不再为看病发愁。国勘加蓬公司所在的乡镇原有两个健康中心，但医疗设备陈旧、药品有限、技术落后，资源配置远不能满足当地5000名居民的需要。曾经，重伤病人需要用直升机转移至距当地最近的让蒂尔港市接受治疗，转移费用高昂。

国勘加蓬公司主动担负起改善当地医疗条件的责任。他们构建了当地社区发展基金框架，翻新了曼吉·恩多拉健康中心，整合了原来两个健康中心的资源，装修了行政区、手术室、住院治疗室、实验室及药房，新建了产科病房，建造了防护装置，安装了一套供电装置，还捐赠了医疗中心的基础医疗设备和药品。现在，健康中心配有一名全职主治大夫和几名辅助医护人员，定期请附近大城市的妇科和儿科专家坐诊。这极大地提高了该地区的医疗水平，当地居民由衷地赞美中国石化。

女童上学不再愁

在埃及，贫困地区的儿童教育普遍缺失，女童教育更处在极低水平。国勘埃及公司开展女童教育帮扶计划，帮助当地女童改变命运。

国勘埃及公司先后在吉萨、法尤姆和敏雅三省修建了201所女童学校，共有在校女学生约7000人。目前，已有近4000名女学生接受了初级教育，超2000人接受了中级教育。

女童教育帮扶计划推出后，埃及西部沙漠地区油区附近的贝都因游牧民族部落慕名而来，申请接受教育帮扶。国勘埃及公司经实地调研，帮助他们制订了“马特鲁学校计划”，在贝都因地区修建了8所男女混校。

“教育改变我的未来，我改变埃及未来”“母亲汲取知识，全家终身受益”……国勘埃及公司的帮扶，推动了埃及社会改变重男轻女观念的风潮，获得了埃及政府的支持和赞誉，同时收获了项目周边区域部落居民的支持、拥护及和谐稳定的社会关系。

归还闯入井场的骆驼

张腾飞

清晨，和煦的阳光洒向大地，中国石化华北石油工程西部分公司 SP105 钻井队的井架在阳光下散发着耀眼的光芒，在钻机的轰鸣声中，钻井工人们又开始了新一天的工作。

“请注意，井场柴油罐附近闯入一头骆驼。”突然，SP105 钻井队工程办公室的对讲机中，传来司钻丁玉龙的汇报声。

正在井队工程办公室值班的安全员霍龙接到消息后，立即前往现场查看。他发现一只臀部印有烙印的小骆驼正在柴油罐边游荡。此时井队正在进行钻进施工作业，如果任由骆驼在井场游荡，很有可能发生危险。

“这一定是附近牧民家走失的骆驼。”霍龙有着多年的沙特阿拉伯钻井施工经验，清楚骆驼在当地牧民心中的重要性。骆驼一身都是宝：驼乳可以解渴，驼肉可以充饥，驼皮可以做衣服，驼毛可以做帐篷，驼粪可以做燃料，驼尿可以当生发油，而在沙特提及顶级的美食一定是烤全骆驼。如果人们在公路上开车时发现一群骆驼在横穿公路，不能鸣笛惊扰驼群，否则会被惩罚。由此可见骆驼在当地的“地位”之高。

“既不能让骆驼影响现场安全施工，又要安全地将其送回家。”霍龙感受到肩上担子的分量，如果这件事处理不好，很容易与当地牧民产生矛盾，造成不良影响。

他一方面安排有放牧经验的沙特籍员工小心看守骆驼；另一方面与现场的沙特阿美驻井监督约瑟夫乘值班车逐个牧场走访问询，查找骆驼的归属。

功夫不负有心人，在奔波两个小时后，他们终于在距离井场 3 公里的牧场找到了骆驼的主人。他是沙特本地牧民。通过骆驼身上的印记确认，这就是他丢失的骆驼。牧民万分感谢，对他们来说，一头骆驼的丢失会让他们承受不小的财产损失。

“谢谢！”当天下午，牧民送来了水果、椰枣、骆驼奶等物品对井队表示感谢，霍龙也用当地人最为欠缺的饮用水作为回礼，赠送给牧民。一头骆驼的失而复得，让中国石化员工与当地人之间的情谊更深了。

“感谢中国企业带来好日子”

庞世乾　丁波　张康

蒙古国东戈壁省宗巴音镇的 L· 巴图青格勒是中国石化胜利油田东胜（蒙古）公司的一名厨师，她的丈夫 L· 巴图德力格尔也在这里上班。2018 年 11 月，记者曾走进他们家采访。当时，这座三居室平房刚装修过，屋外寒风刺骨，屋内温暖如春。夫妻俩进入该公司工作以来，这已经是第二次装修了。

采访过程中，女主人 L· 巴图青格勒热情地带记者参观了房子，然后拿出一本相册，介绍起她 3 个孩子的工作。每当自豪地说完一个孩子的情况后，L· 巴图青格勒都会说：“感谢中国企业给我们带来了好日子！”

多年来，胜利油田东胜（蒙古）公司积极融入“一带一路”建设，不仅让当地员工融入企业，而且为当地经济发展注入了活力，赢得了当地政府和社会各界的尊重。

改善生活，解除员工家庭后顾之忧

胜利油田东胜（蒙古）公司 2003 年进入蒙古国进行石油勘探开发销售，拥有宗巴音油田和查干油田的勘探开发权，与蒙古国实行原油销售分成合作。

该公司曾是宗巴音镇唯一的企业，已有数百位当地人先后在这家公司工作，占全镇人口的 10%，员工来源辐射到东戈壁省省会塞音山达市。

在蒙古国，从小学到高中均实施免费教育，读大学需要自费。L· 巴图青格勒的大女儿临近高中毕业时，家里开始为没有钱供她上大学而发愁。恰在此时，位于宗巴音镇的东胜（蒙古）公司招收当地雇员，L·巴图青格勒和她的丈夫双双报名应聘，并顺利进入公司工作。十余年间，他们的 3 个孩子都顺利读完大学并参加工作，他们的家也从蒙古包搬进了平房。

说起胜利油田东胜（蒙古）公司对当地员工的好，恩和娜与托亚其其格滔滔不绝。她们已经在这里工作了十多年，分别有一个孩子和三个孩子。她们说，在这里上班，中蒙员工亲如一家，喜怒哀乐都能一起分享。

作为独自抚养孩子的单身母亲，恩和娜和托亚其其格对东胜（蒙古）公司给她们生活带来的变化感触颇深："生活水平得到了很大的提升，中国公司和员工都很好。"前几年，恩和娜的父亲去世，因为丧假不够，她在电话里向公司请假，被特批了 4 天的带薪休假。公司负责人和她的同事按照当地风俗参加了葬礼。

托亚其其格的第三个孩子出生后生病，每个月都需要到几百公里外的乌兰巴托看病。公司负责人为她调整假期，确保她能够照顾孩子。中方员工还在经济上给予她更多的帮助，使她得以渡过难关。

帮助成才，10 多名当地员工走上管理岗位

当地员工钢苏和及妻子在胜利油田东胜（蒙古）公司已经工作了十多年，他们早就从蒙古包搬进了平房，并买了一辆轿车。钢苏和认为，东胜（蒙古）公司带给他的，不仅是生活水平的改善，而且是一条成才之路。

进入公司从事采油工作后，钢苏和勤恳好学，在公司的安排下与中方员工结成对子，通过"导师带徒"提升他的业务素质和技术水平。4 年后，钢苏和开始担任注采一队副队长。除他之外，还有越来越多蒙古国员工走上了公司管理岗位。

尊重、平等，共建、共享。东胜（蒙古）公司良好的口碑和有利于员工成长的氛围让越来越多的当地员工留恋。公司的当地员工中，超过一半在这里工作了 10 年以上。翻译蓝丁高中毕业后没钱上大学，在东胜（蒙古）公司上班两年后攒下学费，大学 4 年专修汉语，毕业后继续回到这里工作。D·普日布道尔吉的丈夫是一名军官，自己曾经是幼儿园老师。15 年前，她辞职后来到东胜（蒙古）公

司工作。2015 年在当地办理退休手续后，衣食无忧的她继续回到这里负责保洁工作，“就因为喜欢这里的友善、平等的氛围”。

在中国留学 7 年、说一口地道汉语的图门家中拥有庞大的家族企业，但他没有进入家族企业，而是应聘到东胜（蒙古）公司担任翻译。他说，之所以会做出这样的选择，是因为“跟中国员工玩得像哥们儿一样，在这里工作就像回到了自己喜欢的中国”。

从胜利油田东胜（蒙古）公司受益的，并不仅仅是进入公司工作的员工，当地居民也从各个方面得到了实惠。据统计，胜利油田东胜（蒙古）公司为宗巴音镇当地实施助医、助学、救灾、救援、基础设施建设服务，每年提供的实物价值均在 4 万美元以上。十多年间，东胜（蒙古）公司累计为蒙古国提供分成、税收、就业赞助超过 1 亿美元。

“感谢中国石化帮我渡过难关”

菲撒 / 口述
任海超 / 整理

我叫菲撒，来自沙特东部省瑟奇市，是中国石化华北石油工程五普钻井分公司沙特项目部 SP306 钻井队的一名钻井工，曾经在中国生活 9 年，对东方文化很感兴趣，尤其是对茶文化很是喜欢。每天上班前泡一杯信阳毛尖是我的习惯。

我的父亲长年在中国义乌做五金贸易工作。2013 年，在家人的影响下，我来到浙江大学的预科班学习汉语。两年后，我和父亲一样开始从事国际贸易工作，经常往返中沙两地。

我是家里的长子，有 5 个弟弟妹妹，再加上祖父母、外祖父母和孩子，14 口人的家庭开销都依靠父亲和我。后来，我和父亲拿出积蓄入股了一家五金材料贸易公司。简单来说，就是把义乌的锅、碗、盆、门锁、手工具等日常用品卖到沙特来。

随着我的汉语水平不断提高，偶尔还为中东商人兼职翻译挣“外快”。到 2019 年，家里置换了新的越野车，在沙特达曼市买了栋大房子。

我喜欢中国、喜欢义乌，这里交通很便利，周围的人都很礼貌。关于自己和家人的改变，我对中国有着说不完的感激。当然，我更喜欢咱们中国石化的钻井队，因为钻井队简直就是我的恩人。

2020 年，受新冠肺炎疫情影响，外贸业务遭到重创。进货厂家停工，出货运输渠道受阻，再加上仓库租金、家人的开销，重重压力压得我喘不过气来，不得不回到沙特发展。

疫情之下，沙特好多城市都处于半封闭状态，很难找到工作，我当时很无助。

国际石油工程公司沙特分公司中标阿美石油市场的非常规油气井钻井项目后，受益于属地化用工规划，2021 年年初，我凭借语言优势成功入职华北石油工程公司钻井队。从场地工到钻井工，在中方师傅的带领下，我仅用两个月就完全掌握了液气大钳、行吊等井口设备、工具的操作技能。

同事告诉我，2005 年以来，仅中国石化华北石油工程公司就为沙特当地提供了上万人次的就业岗位，先后累计培养沙特籍钻井技术员、机械师、电气师等专业技术人才 755 人。听到这些数字后，我惊讶的同时，也感受到了中国石化的温度和担当。

在工作和生活中，我也尽力回馈中国石化对我的帮助，主动兼任班组翻译官，为沙特籍员工和中方员工交流提供便利；帮助传递班组员工的工作意见，促进队伍稳定团结。

中方同事对我很好，时常会给我捎带茶叶、辣条、檀木梳子等“紧俏货”。

有时候，和同事谈论日常时，有人问我还回不回中国做生意。

我感觉在这里工作和中国没有区别，不仅能挣钱，而且离家近、休假也多。我很愿意留在中国石化上班，感谢中国石化帮我渡过了难关。

“快马加鞭”600 公里施援手

卢晓莉　张双

2020 年 2 月，非洲某国输油管道因结蜡严重导致管线被堵，向港口外输油被迫中止。当地政府历经 15 天紧急疏通仍未成功，被迫采取限购油气举措，以保障全国重要工业、军事、航空等部门所需成品油。当地一度发生市民排队近 2 公里抢购汽油的危机。政府无奈之下，向全球发起了疏通本国“黑金大动脉”的援助请求。

危难之际，诸多专业油气管道疏通单位主动请缨，表示愿意解燃眉之急，疏通这条堵塞的原油管道。可是，连续 7 支队伍无功而返。当地政府燃起的希望之火一次又一次被浇灭。后来，求援电话打到了在当地从事油气勘探开发的中国公司，希望他们能派出得力队伍紧急救援。

正在非洲施工的中国石化中原石油工程固井公司非洲项目部 ZPEB0103 固井队受到举荐，随后决定参加救援。

ZPEB0103 固井队深知这是一块难啃的硬骨头。队长胡念东和安全员孙德昌对视了一下，他走到操作手季荣凯身边，紧紧地攥着他的手：“这不是挑战，这是决战。”

“快！准备！”队长胡念东掷地有声。安全员孙德昌扭身一个大跨步，旋即冲进工具房，快速清点工具。

操作手季荣凯轰动了油门，仔细检查车况。紧急备料的过程中，当地政府派出两辆军用车为这支特别行动队伍开道。

ZPEB0103 固井队驻地与结蜡管线所在区域相距 600 余公里，三名技术尖兵驾车，载着不同型号软管和接箍等配套工具，紧急赶赴事故现场。眼见着中原固井车距目的地仅 500 余米时，两个右车轮陷入沙坑，无法驶出，情况愈发紧急。

大风嘶吼着、狂啸着，席卷着黄沙直扑固井车、军用车。

“快！快！千斤顶顶上！”操作手季荣凯像是和狂风对吼，他知道在这种沙尘暴天气里，车多陷一分钟，他们就多一分危险，甚至会危及生命。

军车在前牵引，千斤顶在下支撑，季荣凯一脚将油门踩到底，“呜呜呜——”十足的动力一下使固井车腾跃出沙坑！

所有人紧悬的心瞬间落地，驰援车继续奔赴向前。

一路颠簸 16 个小时后，ZPEB0103 固井队的三名技术人员终于抵达原油管道堵塞之地。他们顾不得休息，一跃下车。

安全员孙德昌担心现场沙子疏松，固井车辆容易塌陷，焦灼地皱紧了眉头。三人仔细勘察地形，开车缓缓绕行一圈，确认无“暗坑”后，将固井车停在最佳位置。他们分工协作，不断调配柴油量和水泥车疏通压力，力求优质高效疏通管道。

时间一分一秒地过去，压力表指针起初纹丝不动，然后从 0 兆帕缓缓升至 0.3 兆帕……

历时近 5 个小时后，ZPEB0103 固井队终于成功将原油管线疏通！三人欣喜若狂，一路护送的军用车内人员跑过来，激动地抱起他们，嘴里不停地说道：“中国人真棒！”

ZPEB0103 固井队成为此次国际救援的一匹黑马，他们精湛的技术和国际援助精神，让当地政府刮目相看。此后，他们破格成为非洲石油局 17 区固井施工中免招标、可以直接进行固井施工的队伍。

“中国石化改变了我的生活”

郝明勤　薛虎

盖尔是中国石化石油工程建设公司江苏油建公司加蓬项目部的一名高级雇员，在项目部工作的两年里，从“小白”逐渐成长为独当一面的“百事通”。他抓住每一次工作机会，努力学习，积累经验，创新工作方式，圆满完成了各项任务。他说：“中国石化改变了我的生活，为我解决了工作问题，给了我为家乡作贡献的机会。”

近年来，江苏油建响应“一带一路”倡议，先后在阿尔及利亚、加纳、加蓬、肯尼亚、沙特、乌干达等国家参与管道项目建设。随着海外市场的拓展，区域市场管理体系更趋完善，海外项目与当地市场融合更加紧密，所在国家市场资源、劳动力资源、社会资源等属地资源利用率逐步提高，外籍员工占比超半数。当地员工掌握了工作技能，有了稳定收入，生活质量得到了极大改善。

不断增加本土化用工比例

自进入海外市场以来，江苏油建海外施工团队就以“融入当地、促进当地经济发展”为目标，采取“用工属地化”模式，在当地聘请员工。

许多阿尔及利亚当地雇员在加入中国石化后，不仅学会了谋生技能，获得了工作经验，生活水平也显著提升。

在加纳、加蓬、肯尼亚，部分当地雇员已走上管理岗位。在中国石化海外项目部，他们努力克服语言障碍与文化差异，不断提高自己的工作技能。项目部也为他们提供了成长进步的空间——从当地劳务工中培养出一批测量员、维修工、司机、现场技术员等技能人才。

沙特项目部秉承“公平竞争、和谐发展”的国际化用人理念，举办劳动竞赛，从当地雇员中评选先进个人，并为他们颁发荣誉证书和奖金，既帮助他们提升了工作技能，又鼓舞了雇员的士气。2022 年 2 月，印度籍司机阿卜杜勒·卡拉姆被该项目部评为“交通安全先进个人”。他说：“来到这里，不仅仅是因为中国石化员工的友善，更重要的是他们愿意帮助我，我很珍惜这个机会。”

目前，江苏油建海外项目共聘用各类外籍技术管理人员 65 名。当地员工已成为海外各项目的施工主力军。外籍员工的经济收入大幅增加，生活质量也得到极大改善。

帮助当地员工提升技能

2022 年，受新冠肺炎疫情影响，江苏油建沙特 PKG MIP17 包项目部原计划参与焊接的中方员工动迁困难。为此，该项目部根据工程特点，组建了土建、全自动焊接、防腐、运布管等机组，每个机组只有机组长和技术员为中方员工，其他作业人员均为从当地招聘的外籍员工。

根据现场实际需求，该项目部邀请中国石化集团公司技能大师汪宏辉、高级技师汤克刚对外籍员工进行全自动焊接技术培训。项目部将全自动焊接工作细分为 8 道工序 45 个小部分，并落实具体责任人员，让每一位外籍雇员对自身职责了然于心。在中外员工的共同努力下，该项目部的焊接机组单日焊接口数不断增加，创造了单月完成 19 公里的焊接新纪录，焊接一次合格率达 97.75%，受到甲方沙特阿美公司的肯定和表扬。

2022 年 4 月，江苏油建乌干达 Tilenga EPSCC 项目部当地焊工技能强化培训班首批 20 名学员顺利毕业。此次培训内容涵盖焊接技术、金属材料知识、安全保护知识等，目的就是帮助参训学员掌握基本的焊工理论知识和操作技能。Tilenga EPSCC 项目经理张昌伟说："下一步，公司还将对重点区域国家制订本土化专项发展规划，持续推动跨国经营战略落地生根，力争实现用工、文化、管理及社区的全方位本土化，进一步提升国际竞争力。"

参与到江苏油建海外工程建设的当地员工，有的是管理人员，有的是一线施工员，还有的是后勤人员，他们是"一带一路"倡议的受益者，也是中国石化国际业务发展的见证者。

“感谢中国石化让我学会了技能”

乔庆芳　任海超

“我的新合同下来了，又可以和大家一起工作了。”4 月的一天，在中国石化华北石油工程沙特 SP306 钻井队办公室，巴基斯坦籍员工纳依姆高兴地说。

纳依姆今年 36 岁，大专学历。他对中国的情谊要从 10 年前说起。

他的家乡在巴基斯坦苏基克纳里市最北部的一个山村，往返进城的山路只能骑车或徒步通行。

10 年前，中铁一局为该地区修通了第一条通往市区的柏油路，此后，纳依姆和 3000 余名同乡在中方企业找到了第一份工作。

近年来，华北石油工程公司在沙特工区的队伍规模不断壮大，2019 年，纳依姆以专业技能强、沟通能力突出的优势，通过层层选拔，成了沙特项目部的一名举升车司机。

日常工作中，除了维护、保养、驾驶举升车的工作外，纳依姆还经常帮助场地工打扫设备卫生，协助焊工打磨、喷漆，开展设备防腐，搬迁时也会和大家一起拎榔头、拆卸井架销子……大家亲切地称他“巴铁”。

由于纳依姆是由第三方服务公司聘入的，他负责的举升车故障率决定着他的业绩考核分数，直接影响薪水和奖金，甚至还有被辞退的风险。同事们早已把这位“巴铁”视为工作中的好“搭子”，得知这一情况后，都热心帮助他修复举升车的警示灯、排除安全阀液压故障，提醒他保养时间节点，等等。

2021 年，纳依姆以举升车零故障、甲方综合考评 100 分的好成绩，在 65 名举升车司机中位列第一，获“最佳操作手”荣誉称号，还得到额外奖金 2000 沙特里亚尔（约合人民币 3560 元）。

“谢谢你们给我的荣誉。我会继续努力把工作干得更好。我爱中国！我爱中国人！我爱中国石化！”拿着奖金，纳依姆激动地说道。

2015 年，纳依姆在家乡离市区最近的城镇买了一栋带院子的房子，随即全家 11 口人都搬到了城镇生活。工作中，他使用汉语与中国同事交流已不成问题。在结交中国朋友之余，他还买了华为手机，下载了中国的社交软件，买了“美的”电磁炉、“小米”画笔等，“中国制造”在他家里随处可见。

“以前，市里每天要停电 12 小时以上，多亏中国人来建水电站，现在很少停电了，”提到家乡的改变，纳依姆说，“感谢中国改善了我和家人的生活，感谢中国石化让我学会了技能，实现了梦想，我会留在这里一直干下去。”

亚姆拉很喜欢中国的“福”字

王杰（左）正在指导胡那皮亚分析录井资料

阿迪楠很爱护他的值班车

项目部同事们一起分享蛋糕

穆罕默德（右）获得“荣誉外籍员工”铜牌

纳坦依·盖硕在办公室

十建公司泰国石油清洁油品项目部春节合影

领取荣誉证书现场

夕阳下的沙特延布炼厂

沙特农业部库巴至哈撒净化水输水工程通水试验一次成功

阿里在地球物理公司阿尔及利亚项目的撒哈拉沙漠施工现场测试采集链

江汉石油工程厄瓜多尔项目部 SINOPEC908 队中外员工合影

刘玉华和哈桑一起讨论问题

哈萨在现场一丝不苟地进行质量检查

伊斯兰姆在中国参观学习

沙特分公司的第一名“Z 世代”女员工

安德莉亚 · 梅希亚

中地海外公司帮助尼日利亚建设水厂，改善饮水条件

中地海外公司在尼日利亚开展农业技术培训

菲撒很喜欢这张亲情墙，也喜欢学习中文